ROMANCES TAURINOS
(TOREROS DE AYER)
ILUSTRADOS CON FOTOGRAFÍAS

Manuel Alfaro

ROMANCES TAURINOS
(TOREROS DE AYER)
ILUSTRADOS CON FOTOGRAFÍAS

Primera edición: diciembre 2025

Foto de portada: La fotografía representa la Plaza de Toros de Badajoz, en la cual, el torero que se observa entrando a matar el cuarto toro de la tarde, es "Machaquito", en la corrida del día 11 de mayo de 1910, y en la cual también torearon Manolete y José Dámaso Rodríguez Rodríguez "Pepete", con ganado de Parladé y Pablo Romero, durante la Feria de Badajoz que se celebraba en el mes de mayo durante la Batalla de las Flores, y el concurso de ganados en la cañada de Sancha Brava junto al antiguo campo de fútbol del vivero, en las inmediaciones de la finca de Palomas.

Foto de contraportada: Plaza de Toros de Badajoz, 14 de mayo de 1911, durante la Feria de Badajoz que se celebraba en el mes de mayo durante la Batalla de las Flores, y el concurso de ganados en la cañada de Sancha Brava junto al antiguo campo de fútbol del vivero, en las inmediaciones de la finca de Palomas. En esa tarde se torearon reses de Contreras para los toreros Ricardo Torres "Bombita" y Manuel Mejías "Bienvenida", según la estampa titulada "Feria en Badajoz (1911)" del libro "Más Estampas de Badajoz" de D. Manuel Alfaro Pereira.

EDITA:
Editamás, editorial y contenidos digitales

DEPÓSITO LEGAL:
BA-000730-2025
ISBN:
978-84-943178-0-4

MAQUETACIÓN, IMPRESIÓN Y PEDIDOS:
www.editamas.es
924 180791

Impreso en España
Impreso en papel con certificado FSC

Dedico este libro con cariño y afecto, a toda mi familia, y especialmente, a título póstumo, a mi tío abuelo paterno D. Manuel Alfaro Pereira, autor material de todos los romances taurinos y de muchas de las fotografías que aparecen en este libro. También al mundo taurino, que hace posible que los toros sigan siendo patrimonio cultural de España.

ÍNDICE

PRÓLOGO

El objetivo de la publicación de este libro titulado por mí "Romances Taurinos Ilustrados Inéditos en Badajoz", es dar a conocer las Romances Taurinos no publicados, rescatados por mí, del archivo documental de mi tío abuelo paterno, D. Manuel Alfaro Pereira, a través de sus manuscritos, escritos mecanografiados, poesías, evocaciones, recuerdos de la ciudad, fotografías, etc. y que enriquecerán el conocimiento de la historia y curiosidades de Badajoz, de sus gentes y de sus lugares de aquella época, la primera mitad del siglo XX. Además, actualmente existe una gran demanda por parte de los badajocenses de rescatar toda la historia y el patrimonio histórico, cultural, artístico, documental, y bibliográfico de la ciudad.

El libro contiene un total de 16 Romances Taurinos que hacen referencia a Toreros de Ayer (según lo especifica mi tío abuelo paterno en las cartulinas mecanografiadas por él), es decir, de la primera mitad del siglo XX, entre ellos, 14 toreros, Manolo Bienvenida, Juan Belmonte, Manuel García "El Espartero", Rafael Gómez "El Gallo", Miguel Báez "Litri", Manuel Rodríguez "Manolete", Manolo Granero, Carlos Arruza, Curro Vega de los Reyes "Gitanillo de Triana", José Gómez "Joselito El Gallo", Rafael González "Machaquito", Luis Miguel "Dominguín", Antonio Reverte y Paquito Muñoz; y a los anteriormente citados le dedicó a cada uno, personalmente, los presentes romances taurinos inéditos. Uno de los romances taurinos titulado Tarde de toros "Romance Torero" está dedicado al desarrollo de una corrida de toros y otro titulado "Al mundo taurino" está dedicado a la fiesta de los toros. También contiene 2 crónicas taurinas tituladas, los Preliminares de la corrida (nunca publicada) y Fin de Temporada (Toreros de Ayer), así como sus Testimonios Taurinos, estos dos últimos escritos suyos publicados por mí en el libro titulado "Estampas Inéditas de Badajoz" en 2024. Muchas de sus cróni-

cas de las corridas de toros celebradas en Extremadura fueron publicadas en la prensa regional de aquella época como en el periódico HOY. Diario de Extremadura, el Correo Extremeño, La Región Extremeña, etc. También contiene un total de 91 fotografías, de las cuales, 37 fotografías ilustran los 16 Romances Taurinos de los Toreros de Ayer, algunos de los romances taurinos, están ilustrados por una o varias fotografías y el romance taurino dedicado a Manuel García "El Espartero" no está ilustrado por no encontrar fotografía relacionada con él o no identificada en el archivo documental de mi tío abuelo paterno. 2 fotografías ilustran la crónica taurina titulada Preliminares de la corrida, y 52 fotografías ilustran las faenas toreras en corridas de toros de otros matadores de toros, a los cuales no les dedicó romance taurino, así como otros espectáculos taurinos, como novilladas, corridas de rejones, y el carrusel ecuestre de cintas, que es un espectáculo en que un grupo de personas, generalmente jinetes, realizan una serie de figuras vistosas y ejercicios de habilidad, como hacen los rejoneadores con el toro. Todas las fotografías están comentadas por mí, poniendo los datos que dejó en ellas D. Manuel Alfaro Pereira y otros investigados por mí, así como una breve biografía taurina en las fotografías en las que aparecen toreros y un comentario del espectáculo taurino correspondiente. Todas las fotografías se presentan tal y como se encuentran, en su actual estado de conservación, bastante aceptable, sin realizar ninguna manipulación con ningún tipo de programa informático fotográfico.

He tenido que realizar una selección de fotografías del abundante material fotográfico del cual disponía, unas 300 aproximadamente, fundamentalmente para ilustrar todos los romances taurinos. Estas fotografías fueron, generalmente, realizadas cuando los toreros ejecutaban las diferentes faenas en las plazas de toros (fundamentalmente de Badajoz, Sevilla, Madrid y Valencia), así como retratos de estudio, o bien cuando los toreros se alojaban en el Hotel Madrid de Badajoz cuando venían a torear a Badajoz o por otros motivos, como en el caso del torero mejicano Carlos Arruza, en las fotografías número 14, 15 y 16 y de Pedro Ramírez "Torerito de Triana" en las fotografías número 36 y 37. También he puesto una fotografía, la número 9 en el romance taurino titulado Manuel Rodríguez Sánchez "Manolete", en la que aparecen los restos de las flores (que conservaba mí tío abuelo paterno) que estuvieron en el cuerpo de Manolete una vez fallecido el torero el día 29 de agosto de 1947 (hace ahora 78 años) tras recibir una cornada del toro Islero en la Plaza de Toros de Linares (Jaén), la cogida ocurrió la tarde del 28 de agosto, y el torero murió a las 5:07 horas del día siguiente en el Hospital San José y San Raimundo de Linares. Curiosamente Manolete, el "Monstruo de Córdoba", toreó el martes, 24 de junio de 1947, en la Plaza de Toros de Badajoz, durante las Ferias y Fiestas de San Juan, es decir, unos dos meses antes de morir, aunque también toreó el viernes 25 y el sábado 26 de junio de 1943 en la citada plaza de toros también durante las Ferias y Fiestas de San Juan.

He considerado oportuno poner después de la crónica taurina titulada Preliminares de la corrida, una crónica taurina titulada Fin de Temporada (Toreros de Ayer), que narra el fin de la temporada del año taurino 1955 en Badajoz y a continuación los Testimonios Taurinos de Manuel Alfaro Pereira.

También he considerado oportuno ofrecer otras fotografías inéditas sobre las faenas y corridas de toros celebradas en la Plaza de Toros de Badajoz y en otras Plazas de Toros de España y distintos retratos y fotografías de toreros que tuvieron amistad con mi tío abuelo paterno y le dedicaron las fotografías, aunque de estos toreros no he encontrado Romances Taurinos dedicados a ellos por mi tío abuelo paterno, como es el caso de Paquito Casado, Rodolfo Gaona, Manuel Jiménez "Chicuelo", Antonio Borrero Moreno "Chamaco", Pepe Bienvenida, Antonio Bienvenida, Eugenio Fernández "Angelete", Ángel Fernández Pedraza "Angelete", José Cerdá, Eliseo Capilla Capilla, Pascual Márquez Díaz, Pablito Lalanda, Valentín Ritoré, Pedro Ramírez "Torerito de Triana", Rafael Vega de los Reyes "Gitanillo de Triana II" (hermano de Curro Vega de los Reyes "Gitanillo de Triana"), Domingo González Mateos "Dominguín", Domingo González Lucas "Dominguín Chico" (hermano de Luis Miguel "Dominguín" y de "Pepe Dominguín"), Vicente Barrera Cambra, así como del novillero extremeño natural de Badajoz Juan López Lago y Nogales, un total de 19 toreros. Muchas de estas fotografías están dedicadas a mi tío abuelo paterno por los matadores de toros y el novillero Juan López-Lago Nogales. En estas fotografías también realizo un breve comentario de su biografía taurina. La mayor parte de estas fotografías fueron realizadas por distintos fotógrafos que después comercializaban las fotografías bien por ellos mismos y sus estudios fotográficos o a través de distintas casas comerciales (papelerías, quioscos y estancos) en formato tarjeta postal, y que incluso se utilizaban para correspondencia postal y los toreros se las dedicaban de su puño y letra a aquellos aficionados con los que tenían amistad o consideraban oportuno, una vez eran adquiridas por estos en los establecimientos que las distribuían previo pago. Como ejemplo de esta correspondencia postal, muestro el anverso de una fotografía, la número 79, en formato tarjeta postal, la faena realizada el 10-10-1918, por el torero José Gómez "Joselito El Gallo" también conocido como "Gallito", y la fotografía número 80 que es el reverso de la fotografía 79, en la que se muestra la felicitación por la onomástica de D. Manuel Alfaro Pereira, que es el 1 de enero, realizada por un amigo suyo, que tiene fecha del 31-12-1918, felicitándole también el nuevo año.

Algunas de las fotografías que se muestran fueron realizadas por fotógrafos anónimos de la prensa de aquella época, fotoperiodistas, de la primera mitad del siglo XX, lo cual era algo habitual.

La mayor parte de las fotografías realizadas por D. Manuel Alfaro Pereira, y que aparecen en este libro, se hicieron en la técnica de la gelatina de bromuro de plata con imagen estereoscópica en placa de vidrio, que posteriormente revelaba personalmente, para obtener el positivo en papel del negativo en placa de vidrio, algunas de las cuales las expongo con el formato estereoscópico, es decir, la composición aparece duplicada en dos vistas contiguas, conforme a la técnica estereoscópica, como la fotografía número 81 que muestra una novillada celebrada en la Plaza de Toros de Badajoz, y la número 82 que muestra el paseíllo de los toreros en una corrida de toros celebrada en la citada plaza, y también las fotografías número 83 y 84 que muestran una corrida de rejones celebrada en la misma plaza. Las fotografías número 85, 86 y a 87 muestran en formato estereoscópico el carrusel ecuestre de cintas, en diferentes momentos, celebrado en la Plaza de Toros de Badajoz. **Este carrusel ecuestre de cintas tuvo su origen histórico, en la celebración de juegos de cañas en la Plaza Mayor de Madrid,** que fue ideada y construida por los Austrias como espacio cívico para las más solemnes celebraciones de la monarquía. Respondía a las necesidades del espectáculo supremo de la época: la fiesta real de toros y cañas, celebradas en el siglo XV. Y en la fotografía número 88 muestro el espectáculo del carrusel ecuestre de cintas en la Plaza de Toros de Badajoz, sin formato estereoscópico, en otro momento del espectáculo. Tanto los negativos en placa de vidrio, como los positivos en papel, podían ser observados con visores estereoscópicos, los cuales los conservo actualmente.

También mi tío abuelo paterno, tenía una colección de programas de mano y de carteles de corridas de toros celebradas en distintas plazas de toros de España, tanto en papel como en seda, revistas taurinas (Sol y Sombra, El Ruedo, La Lidia, Fotos-Marca, etc), crónicas taurinas ilustradas de diversos toreros de diferentes años o temporadas taurinas y diversos recuerdos taurinos de la primera mitad del siglo XX. También conservaba entradas de toros en las cuales escribía en el reverso, la correspondiente crónica taurina de la corrida celebrada.

La fotografía de la portada del presente libro está realizada por mi tío abuelo paterno D. Manuel Alfaro Pereira y representa la corrida de toros celebrada en la Plaza de Toros de Badajoz, el día 11 de mayo de 1910 (sólo contaba con 23 años entonces), en la cual el torero Rafael González "Machaquito" entra a matar el cuarto toro, y que ilustra el romance taurino dedicado a este torero en la fotografía número 29. Esta corrida se celebró con motivo de la Feria de Mayo, cuyo real de la Feria se instalaba entonces en la cañada de Sancha Brava, en las inmediaciones de la finca de Palomas, al lado del antiguo campo de fútbol del vivero, celebrándose la Batalla de las Flores y concurso de ganados.

Todas las fotografías pertenecen al fondo documental de mi tío abuelo paterno D. Manuel Alfaro Pereira, que está constituido aproximadamente por unas 300 fotografías taurinas.

Las fotografías que ilustran los romances taurinos y las de otros toreros y otros espectáculos taurinos, no las he podido datar todas y cada una de ellas con la fecha y con el lugar (la mayoría sí), por no disponer de la fecha exacta en que se realizaron, ya que mi tío abuelo paterno no lo quedó reflejado en todas, aunque todas ellas pertenecen a la primera mitad del siglo XX.

D. Manuel Alfaro Pereira, tuvo una faceta poética, escribiendo los presentes Romances Taurinos, así como estampas poéticas inéditas de distintos lugares de Badajoz, esta faceta poética fue puesta de manifiesto en el periódico HOY de fecha 11 de mayo de 1956, un mes después de su fallecimiento, por el escritor, D. Antonio Zoido Díaz, que fue Alcalde y Cronista Oficial de Zafra y también en la revista Gévora, Hojas de Poesías en Prosa y Verso, por el escritor badajocense, D. Enrique Segura Otaño, el cual manifestó literalmente "que sus críticas desapasionadas y sinceras, **con un gran conocimiento del arte de Cúchares,** alcanzaban gran éxito entre los aficionados y la gente se dejaba influenciar con sus juicios respecto a la lidia y a los toreros, por las manifestaciones escritas en la prensa local por Manuel Alfaro". También fue puesta de manifiesto su faceta poética en la citada revista Gévora, por los poetas amigos suyos D. Manuel Monterrey, D. Manuel Pacheco y D. José Muñoz Monje. La intelectualidad de aquella época, le animó a que publicase todos sus escritos, tanto de poesía como sus crónicas urbanas, lo cual en vida no pudo ser realizado porque en aquella época, entre 1900 y 1955, se habían producido la Primera Guerra Mundial (1914-1918) época de inflación y de escasez de materias primas, la Guerra Civil Española (1936 a 1939) época de escasez y subidas fuertes de precio por falta de importaciones y destrucción de infraestructuras, la Segunda Guerra Mundial (1939 a 1945) en la cual el papel era muy caro y escaso, por el aislamiento económico y el racionamiento en España, y el coste de edición y publicación de un libro y sobre todo ilustrado, era muy alto, incluso muchas publicaciones redujeron páginas o cerraron por falta de papel. De hecho, mi tío abuelo paterno, escribía sus crónicas, poesías y escritos en los envoltorios de las cajas de galletas y de otros productos alimenticios, así como en el anverso y reverso de las cartas que recibía, ya fuesen comerciales o personales. Tuvo que ser después de su muerte acaecida el 14 de marzo de 1956, cuando se le publicaron a título póstumo, los libros titulados "Badajoz Estampas Retrospectivas" en septiembre de 1956, y "Más Estampas de Badajoz" en diciembre de 1960, por el Excmo.

Ayuntamiento de Badajoz, siendo Alcalde el Excmo. Sr. D. Ricardo Carapeto Burgos. Posteriormente, yo decidí promover la edición facsímil del libro "Badajoz Estampas Retrospectivas" en diciembre de 1995, publicado por la Editorial Universitas, y también promoví la edición facsímil del libro "Más Estampas de Badajoz" en abril de 2024, publicado por la Editorial Editamás, ya que estos libros estaban agotados y los badajocenses demandaban su publicación para su adquisición. También el 9 de abril de 2024 publiqué el libro titulado por mí, "Estampas Inéditas de Badajoz", editado por la editorial Editamás, al encontrar en el archivo documental de mi tío abuelo, gran parte de las fotografías que deberían de haber ilustrado los dos libros "Badajoz Estampas Retrospectivas" y "Más Estampas de Badajoz", además de encontrar otras estampas inéditas nunca publicadas y escritas por mi tío abuelo paterno. Estos libros tienen información de los eventos taurinos celebrados en aquella época en Badajoz, en las diferentes fiestas que se celebraban y me han servido para datar muchas de las corridas de toros y los toreros que conformaban el correspondiente cartel taurino. **Por lo tanto, ahora sólo faltaría ya por publicar, en un futuro próximo, las estampas poéticas inéditas de los distintos lugares de Badajoz escritas por él y de esta forma su obra de escritor, cronista urbano y taurino, de poeta y literaria quedaría totalmente publicada para gozo de los badajocenses.**

Era un escritor estudioso, enamorado de la literatura, de la poesía, de la Fiesta Nacional: los toros, y de Extremadura. Estampas literarias objetivas y de evocaciones encantadoras. Temperamento artístico, exquisitez espiritual y temple moral. Colaboró en la revista de hojas de poesías en prosa y verso Gévora y en la revista Timbal y en el periódico HOY, el Correo Extremeño y la Región Extremeña, con la publicación de crónicas taurinas. También colaboró con Radio Extremadura donde en la sobremesa de los jueves, de aquella época, recitaba las estampas de las crónicas urbanas de Badajoz escritas por él, pero no publicadas en aquella época, así como algunos de los romances taurinos ahora publicados.

Casado con Dª Pilar Alonso Bengoa, sin hijos, nació en Badajoz el 26 de agosto de 1887 y falleció también en Badajoz el 14 de marzo de 1956, repleto de libros y expresando escritos y poesías. Los jueves a mediodía los radioescuchas de Radio Extremadura esperaban intranquilos la voz armoniosa de este Cronista Oficial de Badajoz, pintando lugares, personas y concurrencias de sucesos pretéritos. Describía el ambiente, los caracteres, las costumbres, los hábitos, gustos e indumentarias, es decir, la vida íntima y social de la vida humana para facilitar el conocimiento y actividades de los ciudadanos.

Fue, además de Cronista Oficial de la Ciudad de Badajoz, poeta taurino, escribiendo los romances taurinos del presente libro; crítico taurino, escribiendo crónicas de corridas de toros celebradas en la antigua Plaza de Toros de Badajoz y en la plaza de toros de Mérida publicadas en la prensa local y regional y también fotógrafo aficionado ilustrando las crónicas urbanas y taurinas. Muchos de estos toreros a su paso por Badajoz para torear en la Plaza de Toros, se alojaron en el antiguo Hotel Madrid, anteriormente Majestic, que D. Manuel Alfaro Pereira regentó, situado en la Plaza de la Soledad en los números 5 y 6 (actualmente Residencia Femenina Universitaria, Sagrado Corazón de Jesús) justo al lado del edificio de "Las Tres Campanas". También fue periodista local, escribiendo crónicas en los diarios de la capital y participó en programas radiofónicos sobre la vida de nuestra ciudad. Muchas de sus fotografías fueron publicadas en el periódico HOY, como ejemplo, las fotografías publicadas con motivo de la llegada del torero Carlos Arruza a Badajoz el 24 de marzo de 1945, durante su estancia en el Hotel Madrid, que procedía de América para iniciar la temporada taurina de ese año en España.

Luchó por el auge cultural de Extremadura siendo Delegado de Cultura de la Excma. Diputación Provincial de Badajoz, en el Centro de Estudios Extremeños. También fue tesorero de la Junta Directiva de la Asociación de la Prensa de Badajoz en el año 1929. **Poseía el título de Socio de Honor del Club Taurino de Badajoz** y del Liceo de Artesanos. Fue concejal del Ayuntamiento de Badajoz, Vicepresidente de la Diputación Provincial de Badajoz, Vicepresidente de la Cámara de Comercio e Industria de la provincia de Badajoz, Presidente de la Cámara de Inquilinos de Badajoz y Cronista Honorario de la ciudad de Badajoz, por acuerdo unánime del pleno del Ayuntamiento de Badajoz el 15 de marzo de 1956 un día después de su fallecimiento, a título póstumo, siendo Alcalde el Sr. D. Ricardo Carapeto Burgos. También en esa época se le dedicó una calle a su nombre, por el Ayuntamiento de Badajoz, por los servicios prestados a la ciudad en sus diversas facetas. Por último, destacó en su faceta industrial y empresaria regentando el establecimiento de Ultramarinos Alfaro de la calle Santa Lucía nº 4 de Badajoz (donde actualmente se encuentra el restaurante Luzia Cocina Bar) conjuntamente con su hermano D. Pedro Alfaro Pereira (mi abuelo paterno), al cual se le concedió por acuerdo del Consejo de ministros presidido por el Sr. Eduardo Dato e Iradier siendo Rey Alfonso XIII, la primera y recién creada condecoración de la Gran Cruz del Mérito Mercantil, debido a que el Rey Alfonso XIII tuvo conocimiento de que el citado establecimiento vino a llenar una apremiante necesidad que se sentía en la población de Badajoz de un conjunto hermoso, de lujo, elegancia y amplitud higiénica respecto de su instalación, el Monarca, para justo premio y noble estímulo de cuantos ciudadanos se distingan en este orden acordó de conformidad con su Consejo de ministros crear la citada condecoración.

Estos romances taurinos inéditos he decidido ilustrarlos (de hecho, él los tenía ilustrados con fotografías, pero no todos) con las distintas fotografías de los diferentes toreros con los que tuvo amistad y le dedicaron las fotografías de sus faenas taurinas en la Plaza de Toros de Badajoz y en las diferentes plazas de toros de España y también con los retratos de algunos de ellos dedicados a él por su amor a la Fiesta Nacional: los toros. A su vez él, dedicó, a algunos de estos toreros, los romances taurinos del presente libro. **El número total de fotografías que se muestran en este libro dedicadas a D. Manuel Alfaro Pereira por los toreros es de 24.**

La poesía y el romance son dos formas literarias que a menudo se confunden o se utilizan indistintamente, pero tienen características y propósitos diferentes. La poesía es un género literario que utiliza el lenguaje de manera creativa y expresiva para evocar emociones, sentimientos y pensamientos. En cambio, el romance es un tipo de poema lírico que narra una historia a menudo con un tono sentimental y emotivo como es el caso de los presentes romances taurinos que expresan el sentimiento y la emoción de las faenas taurinas realizadas por los diferentes toreros a los cuales se los dedicó. **Los presentes romances taurinos se centran en la figura del torero, la emoción de la corrida, el arte y la valentía de la lidia, aunque también los romances taurinos pueden narrar las gestas de los rejoneadores y banderilleros.**

Estos romances taurinos, tienen un esquema de rima y métrica específicos, como el romance octosílabo. La poesía taurina se desarrolló a partir del siglo XV en la que surgieron las primeras alusiones a acontecimientos relacionados con los festejos taurinos tales como la Crónica del Cid, el Poema de Fernán González o las Cantigas del Rey Sabio entre otros, hasta llegar a su momento de máximo esplendor a finales del siglo XIX e inicios del XX coincidiendo con la **edad de oro del toreo español (1913 a 1920), este momento de esplendor fue conocido como el siglo de oro de la poesía taurina. En esta época mi tío abuelo paterno, tenía 26 años en 1913 y 33 años en 1920, en este intervalo, fue la época en la cual él estaba en plena producción literaria.**

El toreo es un arte en sí mismo, no necesita de los romances ni de la poesía para transmitir su belleza. Pero los buenos romances nos permiten enaltecer las faenas realizadas por los toreros.

En la historia de la poesía taurina han escrito poemas taurinos entre otros muchos, los escritores, Alfonso X el Sabio, Gonzalo de Berceo, Luis de Góngora, Lope de Vega, Francisco Quevedo, Calderón de la Barca, Lord Byron, José de Espronceda, José Zorrilla, Miguel de Unamuno, los hermanos Machado, Antonio y Manuel; Federico García Lorca, Gerardo Diego, Vicente Aleixandre, Dámaso Alonso, José María Pemán, Miguel Hernández, Blas de Otero, Gloria Fuertes, Antonio Gala y Luis Alberto de Cuenca. **Pero también han existido ganaderos como Juan Pedro Domecq y Díez y Fernando Villalón, así como toreros como Mario Cabré y rejoneadores como Ángel Peralta e incluso cantantes como Joaquín Sabina y críticos taurinos como José Alameda que han escrito poesías taurinas.**

De hecho, un importante número de escritores extremeños han dedicado parte de su obra al mundo del toro. Son, entre otros, Rafael Sánchez Mazas (Coria), Jesús Delgado Valhondo (Mérida), José María Valverde (Valencia de Alcántara), José Antonio Zambrano (Fuente del Maestre), José Miguel Santiago Castelo (Granja de Torrehermosa), José Antonio Ramírez Lozano (Nogales), Antonio María Flórez (Don Benito), Juan María Calles Moreno (Cáceres) y María de la Hiz Flores "MAHIZFLOR" (Aceuchal).

Todo ello, demuestra la unión que ha existido siempre, a lo largo de la historia entre la tauromaquia y la poesía y que seguirá existiendo, porque el toreo y la poesía son dos artes que enriquecen la cultura, lo mismo que el arte pictórico y escultórico que también tienen unión con la tauromaquia, así como la música, la danza, el cine y el teatro. La tauromaquia ha inspirado a artistas y escritores a lo largo de los siglos, y existe una importante producción artística y literaria dedicada a ella. Los romances taurinos forman parte del patrimonio cultural de países como España, donde la tauromaquia tiene un arraigo importante, con miles de festejos populares celebrados cada año. Y, por otra parte, la tauromaquia está declarada Patrimonio Cultural Inmaterial de España y también como Bien de Interés Cultural (BIC) con carácter inmaterial en las Comunidades Autónomas de Castilla y León, Castilla La Mancha, Valencia, Madrid, Región de Murcia, Comunidad Foral de Navarra, y en la Rioja. Actualmente la tauromaquia en Extremadura está en proceso de declaración como BIC y la Diputación Provincial de Badajoz a través de la Escuela de Tauromaquia contribuye a la promoción de la Fiesta de los Toros, así como el Ayuntamiento de Badajoz con la celebración anual de la Feria Ecuextre, Feria del Caballo y el Toro, en la sede de IFEBA (Institución Ferial de Badajoz) y que en 2025 ha alcanzado la décimo sexta edición y en la cual se entregó el X Premio Ibérico Ecuextre al matador de toros Julián López "El Juli" por su gran carrera profesional y promoción de la tauromaquia. Por último, los premios "Extremadura a la Tauromaquia", que concede anualmente el Consejo Asesor Taurino de Extremadura, ponen de manifiesto la importancia de la tauromaquia en Extremadura y que, en el año 2025, en su segunda edición, han recaído en el **Club Taurino Extremeño por su 77 aniversario, entidad referente en Extremadura desde su fundación el 20-12-1948, el Ayuntamiento de Fregenal de la Sierra, población muy taurina, por su defensa, protección y promoción de la tauromaquia y al matador de toros "Morante de la Puebla", D. José Antonio Morante Camacho, por su trayectoria taurina, siendo uno de los toreros más importantes del escalafón taurino durante prácticamente toda**

su carrera taurina. También el ganadero D. Victorino Martín García, ha recibido una mención especial, ganadero continuador y heredero de la ganadería que fundó D. Victoriano Martín Andrés, por su lucha y entrega defendiendo el toro bravo y todo lo que le rodea. Extremadura, ha sido, es y será tierra de toros y de toreros.

Estas declaraciones de la tauromaquia como Patrimonio Cultural Inmaterial, que también se han producido en otros municipios de Francia, Portugal y de varios países sudamericanos, se basan en la Convención para la Salvaguarda del Patrimonio Cultural Inmaterial de la UNESCO de 2003 (ratificado por España en 2006), que es el instrumento jurídico internacional que trata de dar respuesta a las posibles amenazas sobre este patrimonio derivados de los procesos de mundialización y de las transformaciones sociales que se vienen produciendo, siendo el objetivo final de estas declaraciones apoyar la incorporación de la Tauromaquia en la Lista Representativa del Patrimonio Cultural Inmaterial de la UNESCO.

Los presentes romances taurinos son de gran belleza, emotividad y calidad humana, y manifiestan la amistad recíproca que mi tío abuelo paterno tenía con los toreros a los cuales dedicó los romances, los cuales a su vez les dedicaban de su puño y letra las fotografías de las faenas taurinas realizadas en las plazas de toros, así como retratos. Seguro que, a todos los aficionados a los toros y a la poesía como yo, les gustarán estos romances taurinos.

Para concluir, indicar, que la tarea de publicación del presente libro ha sido laboriosa porque he tenido que realizar una recopilación documental diseminada del archivo documental de mi tío abuelo paterno y realizar la transcripción de la caligrafía de algunos romances taurinos que estaban escritos por él de su puño y letra, no así de los que estaban mecanografiados por él en cartulinas, además de una investigación sobre los romances taurinos y las fotografías de toreros y de otros aspectos de la tauromaquia. **Como ilustración, el arte de los toros es tan hermoso que enriquece adicionalmente el vocabulario de la humanidad, aportando al lenguaje un inventario cultural taurino de 3860 palabras o expresiones. Actualmente**

existe una bibliografía sobre el mundo taurino muy extensa y documentada.

Personalmente, estaba deseando publicar este libro para que no se perdiese parte de la historia taurina gráfica y documental de la ciudad de Badajoz, reflejada a través de estos Romances Taurinos Ilustrados Inéditos.

Manuel Alfaro Domínguez.
Sobrino nieto paterno de D. Manuel Alfaro Pereira.
Badajoz, Diciembre de 2025.

ROMANCES TAURINOS
(TOREROS DE AYER)
ILUSTRADOS CON FOTOGRAFÍAS

1. MANOLO BIENVENIDA

¡Planta airosa de torero
la de Manolo Mejías!,
reflejo de un abolengo
y florón de su dinastía.
Torerito sonriente
rezumando simpatía,
que jamás ante los riesgos
de las tardes de corrida,
se nublara en su semblante
la abierta y franca sonrisa.

¡Con que garbo toreaba
sin descomponer la línea
llevando empapado al toro,
que en su brutal embestida
se entregaba dominado;
la carrera contenida
por el giro de los brazos
del excepcional artista,
culminando en el remate
de una airosa serpentina.

Yo recuerdo el deslumbrante
Tercio de las banderillas
en el que aquel gran torero
con su apuesta gallardía

citaba desde los medios
en bravísima porfía,
y lentamente, paso a paso
cuadrando con gran maestría,
clavaba el par en lo alto,
con gracia y pinturería.

¡Pobre y bravo torerito,
- Manolito Bienvenida -,
con su afición y garbo,
su arte de maravilla,
su sonrisa siempre en flor
su expresión llena de vida
y su corazón gigante
puesto en juego ante la liza
rindiendo tributo a un arte
que tanto absorbe y fascina.

Pobre torerito niño,
torero con valentía
que fue lo quiso ser:
estampa de idolatría
punto de atención y asombro
del público al que domina
la magia de los caireles
la gracia fina y castiza
de los toreros triunfantes
que apasionan y electrizan.

No fue tu temprana muerte
la que quizás tu querías:
la que mereció tu rango
dentro de la torería.

Morir en tarde de toros
ante una brava corrida
entre estallido de aplausos
- música, sol y alegría-,
ante mujeres hermosas
bajo el sol de Andalucía.

Fotografía 1. Ilustra el Romance Taurino titulado Manolo Bienvenida. Manolo Bienvenida era el apodo, nombre artístico o profesional de **Manuel Mejías Jiménez**. El hermano mayor de

la famosa dinastía y considerado una de las figuras más importantes de la "**Edad de Plata**" **(1920-1936)** del toreo. Sus hermanos Pepe Bienvenida y Antonio Bienvenida aparecerán en unas fotografías más adelante. **La fotografía está dedicada en la parte inferior con el texto: para Don Manuel Alfaro recuerdo de Manolo Bienvenida. Sevilla 1930.** En la parte superior derecha pone Fuencarral 8. Madrid, sería seguramente la dirección del estudio fotográfico que realizó la fotografía. En esa dirección hubo dos fotógrafos en la primera mitad del siglo XX. Primero. La Foto Eléctrica: Este estudio estuvo operativo en el número 8 (a veces reseñado como 8-10) aproximadamente entre 1900 y 1931. Fue fundado por el fotógrafo Juan Ruiz Arias. Segundo. Alfonso: El célebre fotógrafo Alfonso García Portela (y posteriormente sus hijos, conocidos como "los Alfonso") también tuvo un estudio en el número 8 de la calle Fuencarral. Este estudio fue destruido durante la Guerra Civil Española (1936-1939). Este retrato de estudio podría haber sido realizada por alguno de estos dos fotógrafos.

Fotografía 2. Ilustra el Romance Taurino titulado Manolo Bienvenida. Manolo Bienvenida fue el primogénito de la saga de matadores de toros hijos de Manuel Mejías Rapela, "El Papa Negro". Para muchos expertos, fue el torero de mayor arte, profundidad y maestría de toda la familia, aunque su carrera se vio truncada por una muerte prematura, tras una intervención

quirúrgica, debido a un tumor maligno en el pulmón derecho. Nació el 23 de noviembre de 1912, en Dos Hermanas, Sevilla y falleció el 31 de agosto de 1938 (con 25 años), en San Sebastián, Guipúzcoa. Tomó la alternativa el 30-6-1929 en Madrid. **Su padre fue el torero Manuel Mejías Rapela, "El Papa Negro" y sus hermanos, todos toreros fueron, Pepe, Rafael (novillero), Antonio, Ángel Luis y Juan Bienvenida. La fotografía está dedicada en la parte inferior con el texto: A Don Manuel Alfaro revistero del Correo Extremeño, recuerdo afectuoso de Manolo Bienvenida.18-6-1930.** La dedicatoria ocupa toda la parte inferior de la fotografía, pero no se aprecia bien por estar grabada en la propia fotografía. En el ángulo inferior derecho del marco de la fotografía y en relieve pone Füeker, que podría tratarse de un fotógrafo extranjero que trabajó en España, o de un pequeño estudio fotográfico local sin gran difusión nacional. Toreó en las Ferias y Fiestas de San Juan el **24 de junio de 1930**, junto a Marcial Lalanda y Vicente Barrera. Toros de D. Luis da Gama.

2. JUAN BELMONTE

Cuando apareció Belmonte
-ignorado novillero-
sin más norte que el azar
la esperanza y el ensueño,
la gente vieja dudaba
porque nadie tomó en serio
al pobre desconocido
que en resignado silencio
soñaba con ambición
la conquista del toreo.

Cualquier tarde, una bueyada
en la plaza de algún pueblo
construida con carreteras
sin vallas ni burladeros,
conquistaba Juan Belmonte
los primeros claros éxitos
ante un público ignorante
rudo, zafio y pendenciero;
pueblos del burgo, escondidos,
brutales, sin sentimientos...

Y en las noches estivales
llenas de paz y misterio
bajo una luna de hechizo
sobre campo marismeño,

Belmonte tras los cerrados,
- temblor azul en los cielos -
perfeccionaba su estilo
escuela de un arte nuevo,
con que iniciaba la historia
más fecunda del toreo...

Y prontamente llegaron
los primeros gratos ecos
desde la hermosa Valencia
del debut del gran torero
que despertó un entusiasmo
como allí no conocieron,
viendo al tímido muchacho
que con ridículo atuendo
daba lección asombrosa
del toreo más perfecto.

Fue la revelación
de aquel genial maestro
que a todos quedó expectantes,
mudos, absortos, inquietos,
con esa emoción que presta
lo que es sublime e inmenso;
fue deslumbrante impresión
de un valor fecundo y recio:
algo que sobrecogía
por insospechado y bello...

Aquella imborrable tarde
en que, casi enronquecieron
las gentes que lo llevaban
hasta su barrio Trianero

arrancándole a tirones
reliquias del áureo terno
fue, comunión ardorosa
entre el ídolo y el pueblo
fundidos eternamente
en un abrazo fraterno.
Es un hecho destacado,
rigurosamente cierto,
que su llegada produjo
indudable desconcierto
en las vacilantes filas
de aquel decadente elenco
marchitas ya muchas glorias
que la fiesta sostuvieron
en tantas horas triunfales
a su paso por los ruedos.

Las más absurdas hipérboles
en Juan Belmonte vertieron.
unos, la alabanza excelsa;
otros, el vulgar dicterio...
Se le llamó cataclismo,
Pasmo, por igual dijeron:
Fenómeno y Terremoto
Cuasimodo y contrahecho...
O la burla despiadada
o el más aromado incienso...

El público vio asombrado
Como, el trágico muñeco
Adornado de caireles
y rictus grave en el gesto
de pronto, transfigurado

por arte de puro y excelso
se elevaba majestuoso
dominador y soberbio,
Mesías del arte grande
que fundó Pedro Romero.

Y Belmonte el elegido
cada hora más maestro
más seguro de sí mismo
más consciente, más sereno,
descubría cada tarde
nueva faceta, al secreto
que aprendiera en los nocturnos
bajo un temblor de luceros
con la luna por testigo
y música de cencerros.

Belmonte creó escuela,
Un ritmo viril, un credo...
Fue el despertar de una aurora
que avivó con sus destellos
la difumada belleza
de lo ya, caduco y viejo:
fue transición de una etapa
heraldo de un arte nuevo,
y la verdad más rotunda
desde que existe el toreo...

Con el capote en las manos,
- solo, tranquilo en el tercio -,
citaba con valentía
a los morlacos cinqueños,

y con un mando elegante
en flexible movimiento,
llevaba embebido el toro
de su capote en los vuelos...

El toreo era en sus manos
la expresión de su cerebro.
¡Aquella media verónica!,
- clámide, fulgente velo -,
que ciñéndose apretada
alrededor de su cuerpo,
parecía una bandera
su breve estatua envolviendo...
Era el abrazo del arte:
Parecía aquel momento
el motivo suntuoso
de un imperial monumento.

Su fin llegaría pronto,
- exclamaban los expertos -,
que se vayan dando prisa
los que aún deseen verlo,
porque es ráfaga que huye
como la llama y el fuego.

Así fue pronosticado
en público y en secreto
por atrevidas sibilas
pitonisas y hechiceros...
Pero Belmonte seguía
por una escala subiendo,
sordo ante la opinión
de tantos censores hueros

que le negaban la sal,
el pan y su asentimiento...

Belmonte creó una escuela
y alumbró el renacimiento
del arte más luminoso
el más cálido y más bello...

En la madurez lozana
que goza el genial trianero,
- paz tranquila y reposada -
en su retiro hogareño,
Juan Belmonte es llama viva
que alumbra nuestro recuerdo:
horas de lejanas glorias,
tardes de viriles hechos
¡Y ese aroma inextinguible
del mejor de los toreros!

Fotografía 3. Ilustra el Romance Taurino titulado Juan Belmonte. Juan Belmonte García, conocido universalmente como "El Pasmo de Triana", es considerado una de las figuras más importantes y revolucionarias de toda la historia de la tauromaquia. Su aparición cambió los cánones del toreo y, junto a su gran rival y amigo José Gómez "Joselito" (al cual se le dedica también otro romance taurino más adelante), protagonizó la conocida como **"Edad de Oro del Toreo" (1913-1920).** Nació el 14 de abril de 1892, en Sevilla y falleció el 8 de abril de 1962 (a los 69 años), en Utrera, Sevilla, al pegarse un tiro en la cabeza, bajo el cuadro <<Carmen>>, de Julio Romero de Torres, pintura que había adquirido en 1915. La primera plaza donde Juan Belmonte toreó vestido de luces, es decir, su debut oficial ante el público fue con 17 años en la **Plaza de Toros de Elvas, en Portugal**, mayo de 1909 (se anunció para el día 6, pero se pospuso al 20 de mayo por lluvia). Fue una novillada sin picadores. Al ser en Portugal, **no mató al animal** (allí se prohíbe la muerte del toro en el ruedo). Como anécdota, tuvo que alquilar un traje de luces usado que le quedaba grande, lo que acentuaba su aspecto desgarbado. Su debut como novillero tuvo lugar en Sevilla el 21 de julio de 1912 y su alternativa (Doctorado) fue el 16 de octubre de 1913 en la Plaza de Toros de Madrid, siendo el padrino Rafael González, "Machaquito" y el testigo Rafael Gómez, "El Gallo". **Juan Belmonte toreó en la Plaza de Toros de Badajoz el 14 de mayo de 1913 como novillero y el 26 de junio de 1943 durante las Ferias y Fiestas de San Juan, junto a Manolete y Morenito de Talavera ya como matador de toros.** Esta fotografía estaba pegada en el reverso de una de las cartulinas donde D. Manuel Alfaro Pereira mecanografió este romance taurino, y estaba recortada de una revista. Autor de la fotografía anónimo o desconocido.

Fotografía 4. Ilustra el Romance Taurino titulado Juan Belmonte. Juan Belmonte estoqueando un toro en la **Plaza de Toros de Badajoz, el 25 de junio de 1917, año considerado "el año de Belmonte", durante la Feria de San Juan**, alternando con José Gómez Ortega **"Joselito el Gallo"** y **Saleri II**, se lidiaron toros de la ganadería de Miura. Fue una de las corridas más comentadas en la prensa local. Autor de la fotografía, D. Manuel Alfaro Pereira. En la parte superior derecha pone el nombre del torero Belmonte escrito de puño y letra por el autor.

Fotografía 5. **Ilustra el Romance Taurino titulado Juan Belmonte. Juan Belmonte García, conocido universalmente como "El Pasmo de Triana".** Esta fotografía fue realizada por D. Manuel Alfaro Pereira, en 1928, durante su asistencia a un acoso y derribo de novillos en la finca Palomarejo, situada en el término municipal de Badajoz en la pedanía de Alvarado. **En el centro está el torero Juan Belmonte que ya era matador de toros, a la izquierda de Juan Belmonte está el ganadero de reses bravas de Badajoz que pastan en Alconchel, D. Arcadio Albarrán Díaz de la Cruz y a la derecha el ganadero, D. Pablo Moreno. A este acoso y derribo asistió también D. Arcadio Albarrán García-Marqués que adquirió la prestigiosa ganadería familiar en 1923, haciéndose cargo de la misma su hijo D. Arcadio Albarrán Díaz de la Cruz en 1926 y su nieto D. Arcadio Albarrán Olea en 1973, el cual falleció en 2020.** El torero Juan Belmonte, practicaba habitualmente el acoso y derribo de novillos. Esta afición no era un simple pasatiempo, estaba profundamente ligada a su faceta como ganadero de reses bravas, que desarrolló en su finca "Gómez Cardeña", situada en Utrera (Sevilla). Esta técnica de acoso y derribo se utiliza como tienta a campo abierto, es decir, como una prueba para seleccionar

las futuras madres y sementales de la ganadería. Al derribar a la res, el ganadero observa su bravura, su fuerza y cómo reacciona a la caída y al castigo. **Las crónicas y biografías sobre Belmonte, incluidas las que relatan su último día de vida, destacan que por la mañana estuvo en el campo, montando su yegua "Maravilla" y practicando, precisamente, el acoso y derribo de becerras junto a su mayoral. Esto demuestra que fue una parte fundamental de su vida hasta el final.**

3. MANUEL GARCÍA "EL ESPARTERO"

Era un mocito templado
Bravo, tranquilo y sereno:
Hubo nacido en la Alfalfa,
- nació para ser torero -.
Su vida la presidía
un vago presentimiento;
era basto, sin hechuras,
línea, garbo ni salero,
pero tenía un gigante
en un rincón de su pecho.

¡Pobre y valiente Manolillo,
- Manuel García, Espartero -,
con aquella cara triste,
atisbo trágico el gesto,
cosido de cicatrices
cada lugar de su cuerpo,
al que enfrentarlo quisieron
las aves de mal agüero
con el califa Guerrita
Rey entonces del toreo...

Fue un 27 de mayo
En el cortesano ruedo:
Toreaban alternando
Zocato, Fuentes y Espartero

con escogido ganado
en los cerrados miureños...

Era una tarde templada
y bajo el azul del cielo
el sol se desperezaba
con el haz de sus destellos...

Un morlaco de Miura
Aprovechando el momento
en que Manolo García
con su valeroso arresto
se arrancaba decidido
muy tranquilo, muy derecho
yéndose tras el estoque
en volapié puro y neto,
hundía el asta asesina
enterrándola en su cuerpo.

El de Miura rodaba
herido firme, certero,
pero el espada partía
por los ignotos senderos
ajeno ya, a la tragedia,
lejano ya de este suelo,
con el mismo gesto humilde
melancólico y sereno
que presidiera su vida
de hombre sencillo y bueno.

Y la musa de la calle
con su dolor plañidero
y el pueblo sobrecogido

lleno de dolor sincero
cantó en romance la muerte
del malogrado torero
cuyo féretro portaban
cuatro caballitos negros
y todos llevaban luto
en sus lujosos plumeros...

Las mujeres de Sevilla
según las coplas gimieron
no se pusieron ya flores
en las matas de su pelo;
que el rey de los matadores
se había ido a los cielos
y quisieron guardar luto
como ofrenda de su duelo...
¡El aire de España entera
se aromó de llanto y rezo!

Manuel García Cuesta, "El Espartero" (1865-1894).

Su nombre completo o real era Manuel García y Cuesta fue un matador de toros español que, a pesar de su corta carrera, se convirtió en uno de los mayores ídolos populares de finales del siglo XIX. Su fama no provenía de una técnica depurada o un arte refinado, sino de un valor extraordinario y una temeridad casi suicida en la plaza. Nació en el barrio de la Alfalfa de Sevilla el 18 de enero de 1865. Su apodo, "El Espartero", provenía del oficio de su padre, que tenía una tienda de espartería (artículos de esparto). Tomó la alternativa en la Plaza de Toros de la Real Maestranza de Sevilla el 13 de septiembre de 1885, siendo su padrino Antonio Carmona, "El Gordito".

"El Espartero" fue un fenómeno social. Conectaba profundamente con el público por su arrojo y su desprecio por el peligro. Se arrimaba mucho a los toros y practicaba un toreo de un valor extremo, lo que le valió la idolatría de las masas. "El Espartero" es recordado por una de las frases más famosas de la historia de la tauromaquia. Se dice que, ante la preocupación de su entorno por los enormes riesgos que corría en cada corrida, él respondió: **"Más cornadas da el hambre."** Esta frase resume su filosofía de vida: el miedo a la pobreza y a la miseria, de donde provenía, era superior al miedo a la muerte que le podía infligir un toro.

La leyenda de "El Espartero" se selló con su muerte, considerada una de las más trágicas e impactantes de la historia taurina. Fue el 27 de mayo de 1894 (tenía solo 29 años) en la Plaza de Toros de Madrid (la antigua plaza de la Fuente del Berro, en la actual calle Goya, denominada de Goya o de la carretera de Aragón). El toro se llamaba **"Perdigón"**, y pertenecía a la legendaria y temida ganadería de **Miura**.

Manuel García "El Espartero", toreó como **único espada** con toros de **Don Álvaro Montero de Espinosa, en la inauguración en 1885 de la Plaza de Toros de Fuentes de León (Badajoz).**

4. RAFAEL GÓMEZ "EL GALLO"

Aún respira majeza:
aún exhala fragancia:
todavía hay en su porte
esa inconfundible traza
que Dios puso en su figura
con graciosa pincelada,
dándole gracia y hechizo
a su apostura gitana,
aire flamenco a sus pasos
con ritmos de sevillanas.

¿Qué geniecillos le dieron
los secretos de la gracia?
¿En qué ruedos ignorados,
en qué misteriosas plazas
aprendió este gran torero
su arte de filigrana
y ese sabor pinturero
de incopiable prestancia
y el celeste colorido
que nunca, nadie imitara?

¡Ah! Misterioso gitano
sin par y sin majeza
lo más vario y más sublime,
la figura más gallarda,

cuyo arte fue un secreto
que solo el cielo inspirara...

Fue como una serpentina
de luz, de la que irradiara
los más centelleantes rayos
de arte y de aristocracia...

Rafael, divino calvo
Actor del soberbio drama
que representa la liza de la fiera y el espada;
valiente hasta el heroísmo:
tímido en otras jornadas
de pánico insuperable,
en que un gran terror bañaba
desde los áureos caireles
hasta la morena calva...

¿Quién suscitó más enconos?
¿Quién desató las amarras
de las naves del escándalo
con más temible pujanza
que el gran Rafael el Gallo?
¿Y quien recibió más amplias
fervorosas ovaciones
frenéticas y entusiastas
en tarde inenarrables
por faenas enigmáticas?

¡Aquel pase de muerte!...
Busto y la muleta altas:
Impávida la figura,
Quieta, solemne y gallarda,

con el gesto sonriente,
muy serena la mirada
jaleando con la voz
cada brutal arrancada,
chamullando a los bureles
los decires de su raza...

¿No os acordáis? Dos toreros
en un tercio de la plaza.
Rafael y Joselito.
Suenan entusiastas palmas
porque han tomado los palos...
Ambos se miran y avanzan...
El toro acepta el envite,
y allá en los medios se emplaza
desafiante. Joselito y Rafael
lo dominan y lo engañan...
y cuando los dos hermanos
de juguetes se cansan
entusiasmando a la gente
con florituras y galas,
Rafael, haciendo alarde
de su torera arrogancia
coloca un par de trapecio
con magnífica elegancia,
bellísimo de factura
y de finísima traza...

¿Qué importaban otros hechos,
qué, otras conocidas causas
si por encima de ellas
el penacho de la gracia
y del arte más soberbio

lo envolvía y sublimaba?

¡Ah! Rafael gran torero
bendecido por las auras
de los Elíseos Campos
en las taurinas jornadas...
Vinieron después, legiones
de juventudes lozanas
a inundar de gallardía
ciclos de la fiesta brava:
Como tú, no hubo ninguno
que una tarde conquistara
con clamores de locura,
improperios y amenazas
de un pueblo que te tenía
metido dentro del alma!

Aún te admira, Rafael,
tu Sevilla linda y maja,
porque eres gloria y penacho,
orgullo de su Giralda
y a su paso por las calles,
la historia de ayer se exalta,
reviviendo a tu presencia
la emoción inolvidada
del torero más garboso
que paseó por las plazas...

Fotografía 6. Ilustra el Romance Taurino titulado Rafael Gómez "El Gallo" también conocido como "El divino Calvo", su nombre completo era Rafael Gómez Ortega. El Gallo, nació el 17 de julio de 1882 en Madrid y falleció el 25 de mayo de 1960 en Sevilla. Tomó la alternativa el 28-9-1902 en Sevilla. **En la fotografía el torero Rafael Gómez "El Gallo", a la izquierda de la fotografía,** concediendo la investidura a Gitanillo de Triana,

torero de la derecha de la fotografía, que es doctorado de matador de toros en el Puerto de Santa María (Cádiz) el día 28 de agosto de 1927. Se lidiaron toros de Dª Celsa Fonfrede, viuda de Concha y Sierra, oficiando de segundo espada el glorioso Juan Belmonte. **Rafael Gómez "El Gallo" toreó en la plaza de toros de Badajoz en numerosas ocasiones, siendo un fijo en sus ferias durante la "Edad de Oro" del toreo (1913-1920). En 1913 durante la Feria de San Juan, toreó un célebre mano a mano con su hermano, Joselito "Gallito". Y el 24 de junio de 1915 también durante la Feria de San Juan, es quizás la fecha más histórica.** Se anunció por primera vez en Badajoz el cartel de los tres grandes fenómenos de la época: Rafael "El Gallo", su hermano Joselito "Gallito" y Juan Belmonte. Lidiaron toros de la ganadería de Trespalacios. Y el 25 de junio de 1916, también durante la Feria de San Juan, volvió a torear junto a su hermano Joselito y completando el cartel "Saleri II". El 24 de junio de 1921 compartió cartel con su cuñado, Ignacio Sánchez Mejías, y con el torero "Fortuna". **La fotografía está dedicada en la parte inferior derecha con el siguiente texto: a Don Manuel Alfaro Pereira un recuerdo de mi alternativa. Gitanillo de Triana.** En la parte inferior izquierda pone la fecha de 28-8-1927. En la parte inferior derecha de la fotografía debajo de la dedicatoria y en relieve, pone el estudio fotográfico que realizó la fotografía, Serrano Fotografía. Sevilla. **Esta fotografía también podría ilustrar el Romance Taurino titulado Curro Vega de los Reyes "Gitanillo de Triana" que se expondrá más adelante.**

5. MIGUEL BÁEZ "LITRI"

Acudid a este conjuro
Lejanas sombras pretéritas:
figuras desdibujadas
por la nieve de las décadas,
venid, que un prodigio de arte
dominador de la estética,
canta glorioso triunfo
desplegadas sus banderas...

Llegad pronto a esta llamada
diestros de remotas épocas:
piqueros de brazos férreos,
jinetes de noble escuela,
peones y banderilleros,
- toda la historia torera -
mozos de la serranía,
rudas almas cortijeras,
vaqueros y conocedores
de legiones ganaderas...

Ven tu primero a la cita,
Onuba, diamante y perla,
Cuna del famoso Litri,
creadora, musa, rociera...
Ven con tu son de fandango,
- copla de sal marinera -,

para cantar el milagro
de esta figura señera...
Ven, que la tarde se ascua
de oros, rasos y sedas...

Cantad en coro de triunfo
en esta tarde serena,
-tarde azul de cielo diáfano
limpio de toda impureza-,
en que el aire huele a rosas,
nardo, jazmín y azucena,
floración de los jardines,
efluvios de la primavera,
y la cálida fragancia
brava y recia de la sierra.

Cantad el lance valiente,
maravilla y gentileza,
abanico con paisaje
de nácares y de perlas:
cantad su media verónica
ceñida, apretada y bella
en la que el arte y la gracia
radiante emoción expresan...
La tarde es como un hechizo
de armonías y cadencias...

Salve, Miguel Báez, Salve
por tu valer y tu herencia:
pintor de lienzos de arte
en academias toreras;
artífice en filigranas
con el capote de brega,

miniatura y orfebre
que las faenas cincela
con arte de maravilla,
finura, gracia y belleza...
¡Vedle ahí! ¡Torera estampa!
la fiera alza su testa,
y con ímpetu salvaje
e incontenible rudeza,
se arranca como el relámpago
en loca carrera ciega;
y en un bramido de furia
- eco de marisma y sierra -,
su resoplido levanta
nubes de polvo y de arena.

Miguel Báez, gran torero
desde el lazo a la montera,
estoico, firme y sereno
como un gladiador de gesta,
la brutal acometida de
la res tranquilo espera:
y en un milagroso giro
de su mágica muleta
va engarzando en pedrería
su prodigiosa faena...
y es el natural, perfecto,
lánguido, color y esencia
en el que, el toro, vencida
su llameante fiereza
va sorbido, dominado
por el arte y la destreza.
Y entre un pase y otro pase
girando su mano izquierda,

rima la más bella estrofa
sobre la candente arena.
¡Qué sencilla nos parece
la lucha terrible y fiera
viendo al torero tranquilo
manejando la franela
en un impulso suave,
con esa cadencia lenta,
con ese frío dominio,
esa exactitud perfecta
sin un vulgar movimiento
ni una brusca aspereza...
Ved hierático el torero...
¡Su triunfo saborea!
La res ya dobló vencida
por estocada certera...
Litri aparece sereno,
con trofeos en la diestra:
un grito unánime estalla:
victorioso clamor suena...
Un nimbo envuelve al artista...
¡Ese de la cara seria!
Continuador del toreo
que en vosotros no aprendiera
pues fue inspirado en los ruedos
con su arte ante las fieras...
Cantad en su honor, arcángeles,
Ecos, auras, brumas, nieblas...
Acudid, taurinas sombras
en los corceles de victoria
para esta gloria torera;
para este Señor del arte,
Señor que en dádiva plena

Ofrenda en el ara cálida
de la caldeada arena,
el rito de su arte bello
su valentía y su ciencia...
¡Capitán de huestes áureas!
En tanto el clarín resuena
y la gente tensa el brío
que ha de mostrar en la arena,
cíñete el lindo capote
bordado con oro y perlas:
cala bien sobre la frente
la airosa y fina montera,
haz tu signo de cristiano,
¡Y al ruedo, que el toro espera!

Fotografía 7. Ilustra el Romance Taurino titulado Miguel Báez "Litri". Este era su nombre artístico o profesional y su nombre completo era Miguel Báez y Espuny. El nombre **"Miguel Báez 'Litri'"** no se refiere a una sola persona, sino a la dinastía de toreros más importante de Huelva, con tres figuras principales que llevaron ese nombre. Aunque el más famoso y al que la gente suele referirse como el gran "Litri" es **Miguel Báez y Espuny**, el ídolo de la década de 1950. Nació el 5 de octubre de 1930, en Gandía (Valencia), aunque criado en Huelva y falleció el 18 de mayo de 2022, en Madrid. Hijo de Miguel Báez Quintero "Litri" y hermano de Manuel Báez "Litri" (fallecido trágicamente en el

ruedo). Tomó una alternativa (histórica) el 28 de septiembre de 1950 en Valencia, siendo el padrino Joaquín Rodríguez "Cagancho" y testigo Julio Aparicio (que también tomó la alternativa ese día). **Toreó en la plaza de Toros de Badajoz durante las Ferias y Fiestas de San Juan el 25 de junio de 1952. La fotografía está dedicada en el centro de la parte superior con el texto: Para Don Manuel Alfaro con todo afecto, Miguel Báez "Litri".** En la fotografía aparecen a la izquierda Sr. Daniel Vázquez Díaz y a la derecha Sr. Adriano del Valle Rossi. Daniel Vázquez Díaz (1882-1969) fue un pintor español nacido en Nerva (Huelva), considerado una figura clave en la pintura española del siglo XX. Su estilo evolucionó desde el realismo hacia el cubismo y neocubismo, y fue especialmente reconocido por sus retratos, paisajes y murales, pintó escenas relacionadas con el toreo. En la fotografía se aprecia haciéndole seguramente un dibujo al torero. Adriano del Valle Rossi (Sevilla, 1895 - Madrid, 1957) fue un poeta, articulista, pintor y narrador español, vinculado a la Generación del 27 y a movimientos como el modernismo, ultraísmo y surrealismo. Su obra se caracteriza por una lírica barroca, rica en imágenes, y por una profunda conexión con el andalucismo y el catolicismo ceremonial. Escribió poesía taurina, publicando en revistas especializadas como El Ruedo. Participó en tertulias taurinas con intelectuales y toreros de la época, como Federico García Lorca, José María de Cossío, Manolete e Ignacio Sánchez Mejías. José María de Cossío lo incluyó en su antología Los toros en la poesía castellana (1931). Entre las poesías taurinas de Adriano del Valle publicadas en el semanario taurino El Ruedo destacan A Álvaro Domecq, dedicada al ganadero y rejoneador con motivo de un homenaje cuando recibió la Cruz de Beneficencia el 6 de febrero de 1944; el romance Torería publicado con motivo de la feria taurina de Sevilla; A Domingo Ortega torero amigo del poeta; A Manolete, romance que fue seleccionado e incluido por el ayuntamiento de Madrid en1998 en un libro conmemorativo por el 50.ª aniversario de la muerte del diestro de Linares; parte de los poemas escogidos para dicha publicación fueron leídos en el homenaje dado al torero el 11 de diciembre de 1944 acompañado por varios intelectuales en el restaurante Lhardy de Madrid. El poema fue reeditado en 1947 tras el fallecimiento del Cuarto Califa del toreo al que se le añadió Brindis Póstumo.

Autor de la fotografía, D. Manuel Alfaro Pereira.

6. MANUEL RODRÍGUEZ "MANOLETE"

Veo aún al torero, entre el brumoso
claro oscuro del recuerdo,
con eco que sobrevive
como solera de un perfume viejo.
Se agiganta en el paso de los días
La figura arrogante del maestro,
que en el arco de triunfo de la historia
seguido de magnífico cortejo,
va flameando banderas de victoria
las elíseas rutas ascendiendo...

De lo externo, aquí quedaron
para la admiración de los museos
los áureos caireles en los rasos,
- celeste preciosismo del toreo -,
vestidos que bordaron primorosos
delicados y pulidos dedos
de gentiles mocitas andaluzas
con puntadas sutiles, que eran besos
sobre la policromía de las sedas
en los lindos adornos de los ternos.

Ninguno después de Manolete
logró borrar del marco de los ruedos
la huella firme de sus grandes tardes
la impronta genial de su toreo,

ni el mágico airón de su muleta
en desafío ante los toros fieros
componiendo el conjunto más sublime,
los instantes más armónicos y bellos
que en el ámbito claro de las plazas
los anales del arte conocieron.

Ya eres Historia, evocación y pena;
solo queda de ti, noche y silencio
bajo el mármol suntuoso, en que tu efigie
en yacente quietud, marca sereno,
el esbozo del perfil humano
que dio a la fiesta el esplendor inmenso
de horas memorables que perviven
a través de los días que se fueron,
entre loco clamor de multitudes
que ante tu arte posesas se rindieron...

¡Veintiocho de Agosto inolvidable!
Triste evocación de llanto y duelo,
de aquella tarde de sol de Andalucía
sin presagios ni negros pensamientos.
Tarde que marca su indeleble huella
Incrustando en las páginas del tiempo,
el nombre, - pena y luto, de Linares -,
y la trágica visión del toro Isleño
unidos por siempre con los días
los más apasionantes del toreo...

Todo pasó ya: el dolor, la gloria,
el fervor delirante de los éxitos,
el sabor sin igual de los aplausos,
el amor, el halago, el paladeo

de la vida fácil, bella y riente
el triunfal poderío del dinero...

Todo duerme ya bajo esa piedra alba
que vela la calma de tu sueño,
mientras cantan los vibrantes himnos
de tu gloria inmarchita pregoneros.

Fotografía 8. Ilustra el Romance Taurino titulado Manuel Rodríguez "Manolete". Su nombre completo era Manuel Laureano Rodríguez Sánchez "Manolete", nació el 5 de julio de 1917, en Córdoba y falleció el 29 de agosto de 1947 (con 30 años), en Linares, Jaén. Está considerado una de las figuras más impor-

tantes de la historia de la tauromaquia. "Manolete" no fue solo un torero; fue un ídolo nacional en la España de la posguerra. Su figura, trágica y hierática, y su muerte prematura en el ruedo lo convirtieron en una leyenda. Es reconocido como el **Cuarto Califa del Toreo** de Córdoba. Proveniente de familia torera (su tío abuelo fue el primer "Manolete" y su padre también fue torero), su carrera fue meteórica y se desarrolló en la difícil década de 1940. Su presentación en Madrid como novillero fue en la plaza de toros de Tetuán de las Victorias el 1 de mayo de 1935 (en la misma novillada que Antonio Bienvenida), tomando la alternativa (Doctorado) el 2 de julio de 1939, en la Plaza de Toros de la Real Maestranza de Sevilla, siendo el padrino Manuel Jiménez, "Chicuelo" y testigo "Gitanillo de Triana".

Toreó el viernes 25 y el sábado 26 de junio de 1943 en la Plaza de Toros de Badajoz durante las Ferias y Fiestas de San Juan. Su presencia, como era habitual, generó una enorme expectación en la ciudad y en toda la región, consolidando a Badajoz como una plaza de toros de importancia en el circuito taurino de la época. También toreó el 24 de junio de 1945 junto a Carlos Arruza y Curro Caro en las Ferias y Fiestas de San Juan. Esta fotografía estaba pegada en la cartulina donde escribió D. Manuel Alfaro Pereira este romance taurino y estaba recortada de la revista El Álbum de la Fiesta Nacional, una publicación española dedicada a la tauromaquia que incluía láminas y fotografías a color de los grandes toreros. El ejemplar concreto donde aparece esta fotografía de Manolete con traje de luces dorado y capote rosa corresponde al año 1947. En la serie de números que la revista lanzó como "joyas literarias y artísticas" en homenaje a la tauromaquia, participaron pintores, poetas y escritores destacados. Este ejemplar formaba parte de una serie de álbumes editados en los años 40, con retratos a color de figuras como Manolete, que era la máxima estrella en ese momento. También fue publicada en la portada de la revista Blanco y Negro, concretamente en un número conmemorativo titulado **"50 años de la muerte de Manolete"** (1997).

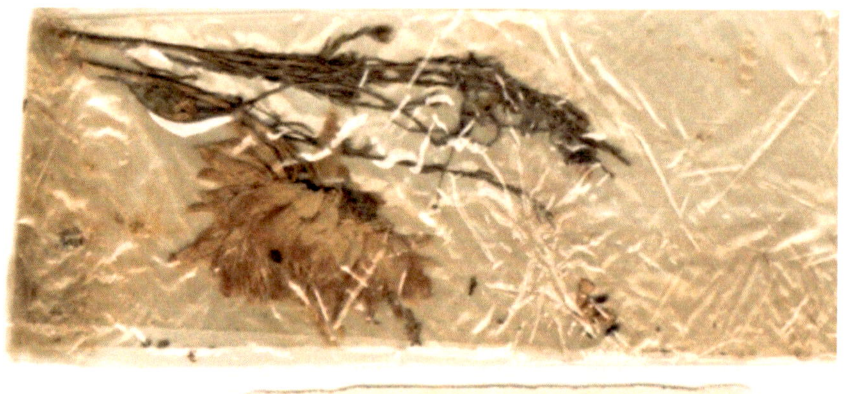

Fotografía 9. Ilustra el Romance Taurino titulado Manuel Rodríguez "Manolete". En esta fotografía realizada por mí, se aprecian los restos de unas flores conservadas dentro de una bolsa de plástico, que estuvieron sobre el cuerpo de Manolete, como señala el texto escrito de puño y letra por D. Manuel Alfaro Pereira en la fotografía. "Manolete" falleció el día 29 de agosto de 1947 (hace ahora 78 años) tras recibir una cornada del toro Islero en la Plaza de Toros de Linares (Jaén), la cogida ocurrió la tarde del 28 de agosto, y el torero murió a las 5:07 horas del día siguiente en el Hospital San José y San Raimundo de Linares. **Curiosamente Manolete, el "Monstruo de Córdoba", toreó el martes, 24 de junio de 1947, durante las Ferias y Fiestas de San Juan, en la Plaza de Toros de Badajoz, es decir, unos dos meses antes de morir.**

7. MANOLO GRANERO

Alto, esbelto y apolíneo
Llenaba la plaza entera
Irradiando su figura
Prestancia suprema y bella,
paseando por los ruedos
la elegancia más señera,
arte de finos matices,
con la valenciana estela
de su más limpio abolengo
en las taurinas empresas.

¡Pobre Manolo Granero,
-del toreo nota excelsa!
Meteoro y flor de un día
de su breve primavera;
esperanza malograda,
torero por gracia ingénita
bendecido por el cielo,
sahumado por la belleza,
con varonil apostura
en su línea más perfecta.

A su llegada a los ruedos
perduraba la tristeza
de la tragedia imborrable
ocurrida en Talavera.

El recuerdo de Gallito
era el más cálido tema
y parecía difícil
que su eco se extinguiera,
cediendo luego, al arribo
de este torero, ave César...

En el recuerdo perenne
con el fulgor que reverbera,
destaca el momento horrible
de la terrible tragedia;
visión de espanto infinito
de la emocionante escena
que perdura en nuestros ojos
viva, palpitante y cierta,
aguafuerte de aquelarre
que aún de terror nos llena...

Momentos antes, lucía
su estampa viva y risueña
con su vestido de oro
recamado en rica seda,
porfiando al veragüeño
con la escarlata franela
para iniciar el pase
de su última faena,
epílogo de una historia
breve, profunda y cimera...

Igual que con Joselito,
con Manolete ocurriera:
su yacente cuerpo muerto
expuesto a pública pena,

tuvo eco y resonancia
de la más sentida pérdida.
Y sobre su cuerpo yerto
Perfecto el rostro de cera,
Lloró su dolor unánime
el alma de España entera.

¡Ay! Manolito Granero
que partiste de la tierra
que te ofreció tanta gloria,
y que a tus pies se rindiera
el amor apasionado
de las mujeres más bellas...

Tu nombre quedará fijo
proyectando su grandeza
en las luminosas rutas
de las figuras toreras...

Fotografía 10. Ilustra el Romance Taurino titulado Manolo Granero. Su nombre completo era Manuel Granero Valls. Nació el 4 de abril de 1902 en Valencia y falleció en Madrid a los 20

años, el 7 de mayo de 1992, a consecuencia de la cogida que tuvo en la Plaza de Toros de Madrid con el toro de nombre Pocapena. A diferencia de muchos toreros de la época, Granero no provenía de un entorno humilde. Nació en una familia acomodada de Valencia y, antes de dedicarse al toreo, cursó estudios de música, llegando a ser un notable violinista. Su ascensión en el mundo del toro fue fulgurante. Se le consideraba uno de los grandes fenómenos de su tiempo, llamado a ser una de las principales figuras de la **Edad de Plata (1920-1936) del toreo**, junto a ídolos como Joselito "El Gallo" (muerto en 1920) y Juan Belmonte. Tomó la alternativa en la Plaza de Toros de la Real Maestranza de Caballería de Sevilla el 28 de septiembre de 1920. Su padrino fue Rafael Gómez "El Gallo". Confirmó su alternativa en Madrid el 22 de abril de 1921. En la parte inferior derecha de la fotografía pone Granero. Esta fotografía de estudio estaba junto a una de las cartulinas donde D. Manuel Alfaro Pereira mecanografió este romance taurino. Autor de la fotografía desconocido.

Fotografía 11. Ilustra el Romance Taurino titulado Manolo Granero. Manolo Granero vistiéndose para torear, esta fotografía estaba pegada en el reverso de una de las cartulinas del romance taurino mecanografiado por mi tío abuelo paterno. Fotografía del fotoperiodista madrileño Manuel Cámara. En 1921, su primera temporada completa como matador de to-

ros, encabezó el escalafón (la clasificación de toreros por número de festejos), demostrando su enorme popularidad y capacidad. Manolo Granero destacaba por su valor, elegancia y un profundo sentido del temple. Se le considera un torero de estilo clásico y puro. Su trágica muerte, en pleno auge de su carrera, lo convirtió en un mito y en un símbolo de la dureza y el riesgo del toreo. Su funeral en Valencia fue una manifestación de duelo multitudinaria.

Fotografía 12. Ilustra el Romance Taurino titulado Manolo Granero. Manolo Granero, después de la cogida por el **toro Pocapena** de la ganadería de Veragua. Agonizante, es conducido a la enfermería de la Plaza de Toros de Madrid donde falleció el 7-5-1922. Esta fotografía estaba pegada en el reverso de una de las cartulinas del romance taurino mecanografiado por mi tío abuelo paterno. Fotografía del fotoperiodista madrileño Manuel Cámara, está firmada en la parte inferior izquierda con el texto Cámara Fto.

Fotografía 13. Ilustra el Romance Taurino titulado Manolo Granero.

Cogida de Manolo Granero en la Plaza de Toros de Madrid donde falleció el 7-5-1922. Toro de nombre **Pocapena** de la ganadería del Marqués de Veragua, esta fotografía estaba pegada en el reverso de una de las cartulinas del romance taurino mecanografiado por mi tío abuelo paterno. Fotografía del fotoperiodista madrileño Manuel Cámara, está firmada en la parte inferior izquierda con el texto Cámara Fto.

8. CARLOS ARRUZA

Quiero cantar en mis versos
- coplas de rima imperfecta -,
al matador mejicano
que con gesto de indolencia
llegó hasta el solar hispano
lleno de taurina ciencia
con arte maravilloso
de valor y belleza;
exaltación de la gracia
del dominio y la majeza.

¡Qué bello el lance pausado
que su capotillo trenza!
¡Qué bien cargada la suerte;
que tranquilidad serena
al burlar el ciego ímpetu,
quietos los pies en la tierra,
mientras los fieros cuchillos
rozan la fina silueta
llevándose por trofeo
caireles, oros y sedas...

Cuando anuncian los clarines
la hora banderillera
y Arruza toma los palos,
la plaza la invade entera

una exaltada emoción,
viva, anhelante, despierta.
En tanto, un aire castizo
Ritmo de copla flamenca
pone en sus notas alegres
aires y glorias toreras.
¿Quién brilló más en los palos?
¿Quién citó con más guapeza?
¿Quién llegó pasito a paso
hasta la misma cabeza
sintiendo las buidas puntas
asombrosamente cerca
mientras los palos erectos
lucen en las mismas péndolas?

Decid, sombras del pasado.
Cantad, glorias rehileteras,
Guerrita, Quinito, Fuentes,
¡Señor de la Coronela!
Granero, Manuel Mejías,
Blanquito, Ignacio, Maera,
Cerradillas y Blanquet,
Morenito de Valencia...
Fugitivas sombras idas
de evocación y leyenda...

Desde los ignotos ruedos
sin tendidos ni barreras
yo sé que admiráis gozosos
esta figura señera.

Fotografía 14. Ilustra el Romance Taurino titulado Carlos Arruza. El nombre real era Carlos Ruiz Camino, nacido en México D.F. el 17-2-1920 y fallecido el 20-5-1966, a los 46 años, en Toluca de Lerdo (México), Carlos Arruza que era su nombre

artístico o profesional, fue uno de los toreros mexicanos más destacados y aclamados del siglo XX. Conocido con el apodo de **"El Ciclón Mexicano"** o simplemente **"El Ciclón"**, su figura es fundamental para entender la tauromaquia de la década de 1940. Nacido en México de padres españoles, Arruza comenzó su carrera a los 14 años en la Ciudad de México. Su estilo explosivo, variado y su gran habilidad como banderillero le ganaron rápidamente el favor del público y el apodo de "El Ciclón". En la fotografía, se le aprecia el 24 de marzo de 1945, firmando autógrafos a los aficionados en la puerta principal del Hotel Madrid (anteriormente Hotel Majestic) situado en la Plaza de la Soledad, nº 5 y 6, donde actualmente se encuentra la Residencia Universitaria Femenina Sagrado Corazón de Jesús, al lado del edificio de "Las Tres Campanas", cuando vino a España procedente de América para torear en la temporada de ese año y se alojó en el Hotel Madrid que regentaba D. Manuel Alfaro Pereira. **Toreó en la Plaza de Toros de Badajoz el 24 de junio de 1945 en las Ferias y Fiestas de San Juan, junto a Manolete y Curro Caro.** Autor de la fotografía, D. Manuel Alfaro Pereira.

Fotografía 15. Ilustra el Romance Taurino titulado Carlos Arruza. Carlos Arruza con gafas, junto a mi abuelo paterno D. Pedro Alfaro Pereira, hermano de Manuel, en el Hotel Madrid que regentó D. Manuel Alfaro Pereira. En la parte inferior izquierda de la fotografía pone la fecha de 24-3-45.

Autor de la fotografía, D. Manuel Alfaro Pereira. Carlos Arruza, tomó la alternativa (Doctorado) el 1 de diciembre de 1940 en la plaza "El Toreo" de México D.F. Su padrino fue Fermín Espinosa "Armillita Chico". Cruzó el Atlántico y confirmó su alternativa en Las Ventas de Madrid el 18 de julio de 1944, siendo su padrino Antonio Bienvenida. La llegada de Carlos Arruza a España coincidió con el dominio absoluto de Manuel Rodríguez "Manolete". Juntos protagonizaron la que es considerada una de las rivalidades más intensas y legendarias de la historia del toreo, llenando las plazas de España y México entre 1944 y 1947. La rivalidad se basaba en el contraste: la quietud, seriedad y el toreo vertical de Manolete frente al toreo explosivo, espectacular y dominante de Arruza. En 1945, en plena competencia, Arruza toreó 108 corridas en España, liderando el escalafón (clasificación de corridas toreadas).

Fotografía 16. Ilustra el Romance Taurino titulado Carlos Arruza. Carlos Arruza sentado junto a su cuadrilla y banderilleros, es el primero por la izquierda de la mesa y a su lado izquierdo un aficionado que se sintió periodista, en el Restaurante situado en la primera planta del Hotel Madrid, el 24 de marzo de 1945. Autor de la fotografía, D. Manuel Alfaro Pereira. Carlos Arruza fue un torero completo: poderoso con el capote,

espectacular en banderillas (donde fue un maestro) y variado con la muleta. Se le atribuye la invención de un pase de muleta conocido como la **"arrucina"**, un pase cambiado por la espalda que se ejecuta con gran quietud y riesgo. Arruza se retiró de los ruedos como torero de a pie en 1953. Sin embargo, su pasión por el mundo del toro lo llevó a regresar en 1956, pero esta vez como **rejoneador**, disciplina en la que también alcanzó un éxito notable. Gracias a su fama y galanura, participó en algunas películas. Su papel más recordado fue en la producción estadounidense **"El Álamo" (1960)**, dirigida y protagonizada por John Wayne, donde interpretó a un teniente del ejército mexicano. Fue padre de los también matadores de toros Carlos Arruza (hijo) y Manolo Arruza. Falleció en 1966 en un accidente automovilístico en la carretera que va de Toluca de Lerdo a la Ciudad de México, cuando regresaba de su rancho.

Fotografía 17. Ilustra el Romance Taurino titulado Carlos Arruza. En la fotografía pone el nombre del toro que aparece en ella llamado Quinquillero con el nº 39 y de peso 303 Kg y al que Carlos Arruza cortó las orejas. Año 1944. Autor de la fotografía, D. Manuel Alfaro Pereira.

9. CURRO VEGA DE LOS REYES "GITANILLO DE TRIANA"

En el cuadro incopiable
de una tarde de corrida,
sol, sonrisas, mujeres,
flores, peinetas, mantillas,
luz de Abril en el ambiente
perfumado de Sevilla,
el albero es como alfombra
de un jardín de maravilla
en que aflora la belleza
en exaltación magnífica...

Tarde radiante de toros,
de bullicio y de alegría:
parece que, sobre el circo,
vierte áurea y diluida
la luz limpia de su cielo
en lluvia de clavellinas...
¡Ese momento sublime
en que salen las cuadrillas,
no hay paleta que lo imite
ni escultor que le de vida!

Aquel muchacho tostado
por el sol de la marisma
que extiende su capotillo

- la planta en la arena fija -,
con su gesto de valiente
y en su boca la sonrisa,
es el calé Curro Puya
que insistente al toro cita
provocando la arrancada
furiosa e incontenida...

Marcaba el lance, sereno,
frenando la acometida
con aquel impulso lánguido
tan lento, que estremecía...
Con mando exacto, perfecto
y majestad infinita,
daba al capote graciosa
y cálida pinturería:
algo innato de su raza,
ritmo de gitanería.

Un olé ¡Llena el espacio!
Mientras el capote gira
con lentitud asombrosa:
¡El toreo hecho poesía!
¡Aquel primoroso lance
lleno de melancolía
eco de un cantar flamenco
- petenera o seguidilla -,
filigrana destrenzada
de viva policromía...

Un día, - día aciago -
en que mayo florecía,
plenitud en los jardines

y en las mujeres sonrisas,
nadie pudo sospechar
que en la perfumada brisa
de la tarde luminosa
aullara la agorería
incubando la tragedia
disputándose su vida.

Fue aquel un fatal instante,
- trágica hora sombría -
en que el bravo Gitanillo
con arte y con valentía
desafió a Fandanguero,
que, probando la embestida
halló propicio el momento
de quedarse a la salida
para herir al gran torero
con mortal y horrible herida...

¡Pobre amigo, Gitanillo!
tan maravilloso artista
que cincelaba el toreo
con esa gracia intuitiva
sin cánones ni otras reglas
que las de su fantasía:
arte inspirado en lo bello
algo que vibra y culmina
con el valor por bandera
y desprecio de la vida.

Se adentraba en el toreo
con pasión incontenida:
mimaba el lance pausado

con esa gracia castiza
ingénita y peculiar,
primorosa y exclusiva
de los toreros gitanos,
maravillosos artistas
príncipes del toreo
y espléndidos estilistas

Gitanillo fue en el arte,
compás de una melodía:
su toreo fue la esencia
y el resumen de la lidia.
Nadie ha heredado su estilo:
muerto está y no resucita…

Quizá allá en lejanas rutas
Soñadas o presentidas,
Vaga su alma indolente
Deslumbrante, adormecida…

Fotografía 18. Ilustra el Romance Taurino titulado Curro Vega de los Reyes "Gitanillo de Triana". Este torero de nombre completo Francisco Vega de los Reyes era también conocido con el apodo Curro Puya, inmortalizado en el mundo taurino como "Gitanillo de Triana". Nació en el barrio de Triana (Sevilla), el 23 de diciembre de 1903 y falleció el 14 de agosto de 1931 en Madrid, casi tres meses después de la cogida, produ-

cida el 31 de mayo de 1931, con tan sólo 27 años, en la Plaza de Toros de Madrid (la antigua, la de Fuente del Berro, de Goya o Carretera de Aragón). La Plaza de Toros de Las Ventas en Madrid fue inaugurada posteriormente el 17 de junio de 1931. El nombre del toro era **"Fandanguero"** de la ganadería de Graciliano Pérez-Tabernero. **La fotografía está dedicada en la parte inferior derecha con el siguiente texto: a Don Manuel Alfaro Pereira un recuerdo de mi alternativa. Gitanillo de Triana. En la parte inferior izquierda pone la fecha de 28-8-1927. En la fotografía Gitanillo de Triana (torero de la derecha de la imagen)** es doctorado de matador de toros en el Puerto de Santa María (Cádiz) el día 28 de agosto de 1927. Se lidiaron toros de Dª Celsa Fonfrede, viuda de Concha y Sierra. **Le fue concedida la investidura por el genial torero Rafael Gómez "El Gallo" (torero de la izquierda de la imagen)** oficiando de segundo espada el glorioso Juan Belmonte. En la parte inferior derecha de la fotografía debajo de la dedicatoria y en relieve, pone el estudio fotográfico que realizó la fotografía, Serrano Fotografía. Sevilla. **Esta fotografía también ha ilustrado el Romance Taurino titulado Rafael Gómez "El Gallo" ya enunciado anteriormente.**

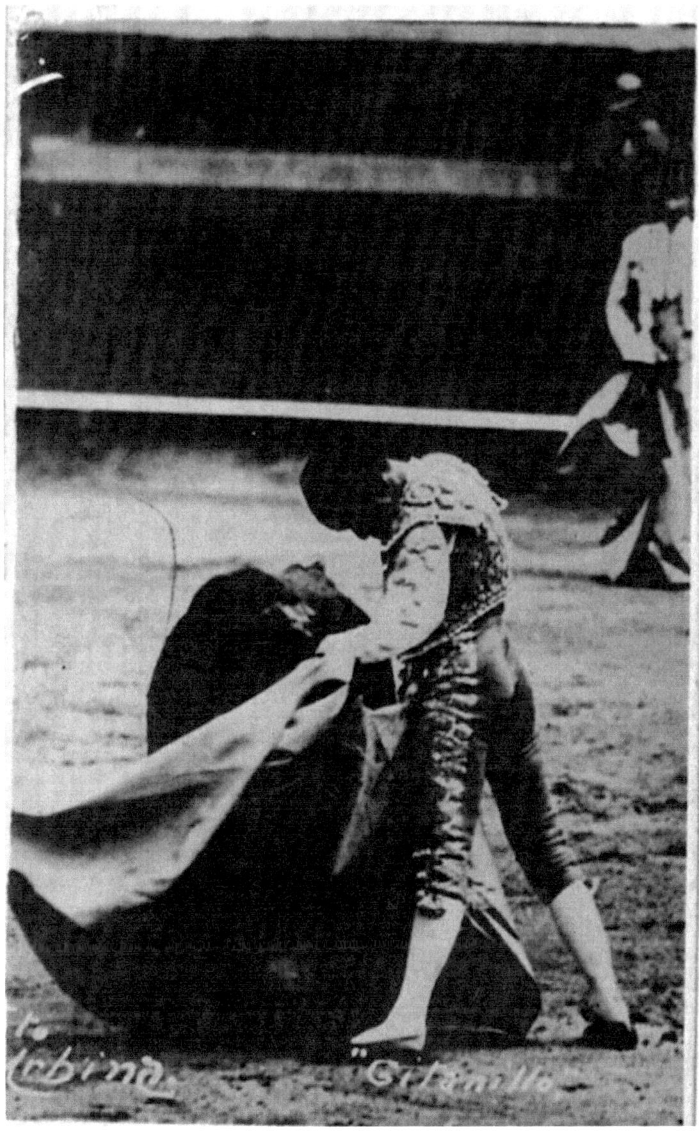

Fotografía 19. Ilustra el Romance Taurino titulado Curro Vega de los Reyes "Gitanillo de Triana". La fotografía estaba pegada en el reverso de una de las cartulinas mecanografiadas por mi tío abuelo paterno donde escribió este romance taurino. En la parte inferior izquierda de la fotografía pone Fto. Urbina, que fue el fotógrafo que la realizó.

Fotografía 20. Ilustra el Romance Taurino titulado Curro Vega de los Reyes "Gitanillo de Triana". Fotografía realizada en formato tarjeta postal por Sosa Foto.

Fotografía 21. Ilustra el Romance Taurino titulado Curro Vega de los Reyes "Gitanillo de Triana". "Gitanillo de Triana" en la **Plaza de Toros de Badajoz** junto a varios aficionados. En la fotografía está el representante de la empresa Zotal Laboratorios, dedicada a la fabricación de productos para la higiene y el cuidado de animales, D. Manuel Castro Galván, situado a la izquierda de "Gitanillo de Triana". Esta empresa se anunciaba en los burladeros de la Plaza de Toros de Badajoz en aquella época. Autor de la fotografía, D. Manuel Alfaro Pereira.

Fotografía 22. Ilustra el Romance Taurino titulado Curro Vega de los Reyes "Gitanillo de Triana". Fotografía realizada en formato tarjeta postal por el estudio fotográfico Baldomero situado en Barcelona.

10. JOSÉ GÓMEZ "JOSELITO EL GALLO"

Fue tan grande su figura
cual perenne su recuerdo:
tan gigantesco en su arte
tan depurado y excelso,
como fuera Pepe-Hillo
maravilloso torero
trasunto de Costillares,
eco de Pedro Romero...

¡El más sabio y consciente
que pasó por los ruedos!
Nadie como él, ausente,
¡más de treinta años muerto!
vive y perdura su arte
con fijeza en el recuerdo,
como si aún se le viera
desde un tercio a otro tercio
con el capote doblado
sobre el antebrazo izquierdo,
floreciendo una sonrisa
en su imperativo gesto.

José Gómez, Joselito
el torero más completo
más sabio y dominador
que los siglos conocieron,
compendio de la maestría
legítimo heredero
de aquellas grandes figuras
del taurino romancero.

¿Quién impulsó con más brío
y mayor conocimiento
a un nuevo modo de ser,
su mando y dominio diestro?

¡Aquel orden en la lidia
tan exacto, tan maestro,
en que se estaba pendiente
de su actitud y su gesto...!
¡Nadie igualó a Joselito
en su saber y su acierto!

¡Como aromaba la tarde
con solo hacer el paseo
destacando en la cuadrilla,
ágil, esbelto, cimbreño,
elegido de los Dioses
para los áureos torneos
del arte y la gallardía
del valor y lo flamenco,
prototipo de una estirpe
heraldo de un arte inmenso...

Joselito ha saludado,
y ya se encuentra en su puesto
esperando la salida
por la puerta de chiqueros
del primero de la tarde...
¡Aquel inmutable gesto
tan frecuente en Joselito
en este inicial momento
pendiente del primer lance
y del menor movimiento!
¡Qué lidia tan depurada:
Blanquet, entre un burladero;
Cantimplas, junto a José,
y preparado, el Almendro
para el primer capotazo:

- ni uno más, ni uno menos -.
Almendro, con una mano
Llevaba la res al tercio
Mientras daban la señal
para salir los piqueros...

Cuando cogía los palos,
Blanquet y él en el ruedo,
Parecía que la plaza
se inundaba de silencio,
como en esas grandes causas
que inspiran los grandes hechos.

El paso doble Gallito
Desprendía en sus arpegios
Voces de hembras ardientes
que le lanzaban requiebros...
¡Como se saboreaba
el magnífico momento
de las salidas en falso
provocadas al efecto,
jugando con los rehiletes
y quebrando con el cuerpo
la salida de las reses,
con arte funambulesco
dejando ver los pitones
muy próximos de su pecho!

Lo asesinó Bailaor
el del maldito recuerdo:
fue solo en un breve instante,
en un infeliz momento
de inoportuno descuido
del inolvidable diestro,
en que hundía su puñal,
seguro, exacto, certero,
con que se abatió la vida
del más genial torero...

En la noche inolvidable
bajo el palio de los cielos,
- noche azul del mes de Mayo -,
los rosales florecieron,
y el cuerpo de Joselito,
- lirio en el rostro sereno -,
dormía en la enfermería
su definitivo sueño,
perfumado por las rosas
que aquella noche se abrieron...

Noche tibia, bella y casta
con temblores de luceros:
noche repleta de hechizos,
de caricias y de besos...

Un ángel bajó a la tierra
por una escala de ensueño:
se oyó el batir de sus alas
en un suspiro del viento,
y entre una nube de nardos
las dos almas ascendieron.

Fotografía 23. Ilustra el Romance Taurino titulado José Gómez "Joselito El Gallo". Su nombre completo era José Gómez Ortega conocido con los **apodos de "Joselito el Gallo" y también "Gallito".** Nació el 8 de mayo de 1895, en Gelves (Sevi-

lla) y falleció el 16 de mayo de 1920 en Talavera de la Reina (Toledo), con sólo 25 años, el nombre del toro era "Bailaor" y la ganadería de la Viuda de Ortega. La muerte de Joselito es, quizás, la tragedia más impactante de la historia taurina, comparable a la de Manolete años después. Su fallecimiento marcó el fin abrupto de la **"Edad de Oro" (1913-1920).** Pertenecía a la célebre dinastía de "Los Gallo". Su padre fue el torero Fernando Gómez "El Gallo", y su hermano mayor fue el también famoso matador Rafael Gómez "El Gallo", al cual también mi tío abuelo le dedicó un romance taurino titulado Rafael Gómez "El Gallo", ya expuesto anteriormente. En la fotografía que es un retrato de estudio, aparece vestido con traje corto (o traje campero) y un sombrero de ala ancha. Su figura es fundamental para entender el toreo moderno. Protagonizó, junto a Juan Belmonte, la primera gran **"Edad de Oro" del toreo (1913-1920)**, una época en la que la rivalidad entre ambos revolucionó las estructuras de la fiesta. La fotografía estaba pegada en el anverso de una de las cartulinas mecanografiadas por mi tío abuelo paterno donde escribió este romance taurino. Autor de la fotografía desconocido, no identificado.

Fotografía 24. Ilustra el Romance Taurino titulado José Gómez "Joselito El Gallo".

Fotografía de un retrato de estudio, realizada por Diego Calvache Gómez de Mercado (1882-1919) **Mundo Gráfico** Magazine. Madrid. 19-5-1920. Estaba pegada en el reverso de una de las cartulinas mecanografiadas por mi tío abuelo paterno donde escribió este romance taurino y recortada de una revista taurina. **Su debut en la Plaza de Toros de Badajoz como novillero fue el 14 de agosto de 1911 en la cual actuó junto al novillero José Gárate Limeño.** La fecha de la alternativa de José Gómez Ortega, conocido como "Joselito el Gallo", fue el 28 de septiembre de 1912 en Sevilla.

Fotografía 25. José Gómez "Joselito el Gallo", toreando en una plaza de toros. Fotografía en formato tarjeta postal, autor A. Rodero, Redactor gráfico de la revista Toros y Toreros, calle Príncipe, 10 Madrid.

11. TARDE DE TOROS "ROMANCE TORERO"

Brillan al sol los caireles...
¡Alegre policromía
de rosas y de claveles!
En las brasas de su luz,
se va encendiendo la tarde
en olor de plenitud.

Está lleno el graderío
y las barreras resaltan
de belleza y señorío.

Brava fiesta que es color,
emoción, ritmo, armonía,
mujeres, arte y valor.
Se adorna de gallardía
en un asombro imponente
de arrojo y de valentía.

Todo es así en la corrida;
un embrujo deslumbrante
de ardor, de pasión y vida.
Ya cruza por el albero
la cuadrilla, bajo el aire
del paso doble torero.
¡Bello cuadro incopiable

resumen de ese arte bello
de emoción inenarrable!
Ya está la res en la arena...
¿Atenderá por Islero,
¿Bailaor o Poca pena?

¡Que no sea así Señor!,
porque esos nombres evocan
la tragedia y el dolor...

Dios te proteja torero,
y te lleve de su mano
en los peligros del ruedo.

Tensa tu arte y tu brío
que está de ellos pendiente
y anhelante el mujerío...

¡Brava fiesta que es color,
emoción, ritmo, armonía,
mujeres, arte y valor!

Fotografía 26. Ilustra el Romance Taurino titulado Tarde de Toros "Romance Torero". Plaza de Toros de Badajoz, 14 de mayo de 1911, durante la Feria de Badajoz que se celebraba en el mes de mayo durante la Batalla de las Flores, y el concurso de ganados en la cañada de Sancha Brava junto al antiguo campo de fútbol del vivero, en las inmediaciones de la finca de Palomas. En esa tarde se torearon reses de Contreras para los toreros Ricardo Torres "Bombita" y Manuel Mejías "Bienvenida", según la estampa titulada "Feria en Badajoz (1911)" del libro "Más Estampas de Badajoz" de D. Manuel Alfaro Pereira. Esta fotografía ilustra la contraportada del presente libro. Autor de la fotografía, D. Manuel Alfaro Pereira.

Fotografía 27. Ilustra el Romance Taurino titulado Tarde de Toros "Romance Torero". La fotografía está realizada por el fotógrafo Serrano de Sevilla, en la Plaza de Toros de la Real Maestranza de Caballería de Sevilla, y estaba pegada en el anverso de una de las cartulinas donde escribió D. Manuel Alfaro Pereira, este romance taurino. La fotografía está firmada en el ángulo inferior izquierdo con el siguiente texto: Pedro Ramírez. Torerito, que tuvo mucha amistad con D. Manuel Alfaro Pereira.

Fotografía 28. Ilustra el Romance Taurino titulado Tarde de Toros "Romance Torero". Plaza de Toros de la Real Maestranza de Caballería de Sevilla. Autor de la fotografía, D. Manuel Alfaro Pereira.

12. RAFAEL GONZÁLEZ "MACHAQUITO"

¡Gran figura entre los bravos
fue el cordobés Machaquito!
el matador más valiente
más seguro y aplaudido
que en la historia del toreo
pisó la arena del circo
sin alardes del flamenco
ni orgulloso pedantismo.

Todo su arte fue la espada;
- el momento decisivo -,
mostrando su gran coraje,
desafiando al peligro,
citando corto y derecho
con valeroso dominio
para entrar a volapié
con su magnífico estilo
salvando el riesgo seguro
de los puñales buidos...

Esto fue el gran matador
que, por cornadas cosido,
cada tarde de corrida
veía al público rendido
sujeto por la emoción
en la que estaban fundidos
con la admiración más vehemente
y el más fuerte paroxismo
viendo al bravísimo diestro
superándose a sí mismo.

¡Córdoba de los toreros,
la de gentiles hechizos,
la de las floridas rejas
y tras las rejas suspiros...!
¡Córdoba, bella sultana
cuna del gran Lagartijo,
de Guerrita, Manolete,
y del bravo, Machaquito...
Eres, materna, gloriosa,
patria de taurinos ídolos!

La vejez de tus figuras
que vieron partir, huidizos
los días de sus triunfos,
- remoto eco perdido -,
entre nostalgias de aplausos
y el oro de sus vestidos,
tiene ese sabor amargo
de un sueño desvanecido,
de la gloria ya marchita,
de la juventud y el brío...

Fotografía 29. Ilustra el Romance Taurino titulado Rafael González "Machaquito". Su nombre completo era Rafael González Madrid, conocido con **el apodo de "Machaquito"**, nació el 2 de enero de 1880 en Córdoba y falleció el 1 de noviembre de 1955, también en Córdoba. Su presentación como novillero en Madrid tuvo lugar el 8 de septiembre de 1898. Tomó la alternativa en la ceremonia que lo convirtió en matador de toros, el 16 de septiembre de 1900, en la Plaza de Toros de Madrid. El padrino fue Costillares y el testigo Emilio Torres, "Bombita". Formó parte de la famosa "Cuadrilla de Jóvenes Cordobeses" junto a Rafael Molina Martínez, "Lagartijo Chico". **También toreó en la Plaza de Toros de Badajoz en la Feria de San Juan, el 24 de junio de 1902, como matador de toros. La fotografía representa la Plaza de Toros de Badajoz, en la cual, el torero que se observa entrando a matar el cuarto toro de la tarde, es "Machaquito", en la corrida del día 11 de mayo de 1910, y en la cual también torearon Manolete y José Dámaso Rodríguez Rodríguez "Pepete", con ganado de Parladé y Pablo Romero. Esta corrida se celebró durante la Feria en Badajoz con motivo de la Batalla de las Flores y el concurso de ganados que se celebraba en el mes de mayo de 1910 y cuya inauguración fue el día 10, en la cañada de Sancha Brava, junto al antiguo campo de fútbol del vivero, en las inmediaciones de la finca de Palomas, según la estampa titulada "Feria en Badajoz" del libro "Más Estampas de Badajoz" de D. Manuel Alfaro Pereira. Esta fotografía también ilustra la portada del presente libro.** Autor de la fotografía: D. Manuel Alfaro Pereira.

13. LUIS MIGUEL "DOMINGUÍN"

Aquel mocito espigado
que avanza haciendo el paseo
al son de notas alegres
con rítmico balanceo
irradia tal torería
como si un oculto fuego
- viva lumbre del pasado -
¡Aquellos grandes maestros!
le imprimieron todo el arte
de legiones de toreros.

Es Luis Miguel González
revelación de los ruedos,
que como astro gigante
del taurino firmamento
se acerca ocultando soles,
nueva belleza imprimiendo
a su arte soberano
de rancio solera lleno...

¡Dominguín es el enviado
por Joselito y Granero!
Es aquel. Es su maestría
con su dominio completo:
conocedor de las reses,
descubridor del secreto

con que se embellece el arte
magnífico del toreo...
Es majestad y es poesía:
es la intuición y es el genio:
es transformar el peligro
en un deslumbrante juego...
Ese es Luis Dominguín
que me asombró de pequeño
cuando le ví agigantarse
ante un nervioso becerro,
dominando con tal arte,
mandando seguro y diestro
con aquella gracia ingénita
llena de garbo y salero...
¡Parecía iluminado
por lumbraradas del cielo!
Hubo la precisa pausa...
Después, en rápido vuelo,
Dominguín subió a las cumbres
de lo grande, de lo inmenso,
y a su llegada triunfal
- entra en la madurez del genio -
el arte inundó de gloria
con la luz de su toreo...
¡Su capote es como el manto
señorial de un abolengo!
Y es el sol de Andalucía
y es la mantilla de flecos
y son las notas sentidas
de los cantares flamencos
lo que lleva oculto el arte
de este torero completo.
Arte que yo no aseguro

si es sevillano o rondeño:
pero que sí apaga los oros
de muchos taurinos cetros...

Este es el ayer que vuelve;
es la historia con sus hechos,
es el eco de otros días
que duerme entre mil recuerdos.
Son las hazañas toreras
de aquellos que un día fueron,
resucitadas ahora
con inusitado estruendo
por este gran lidiador
cima y cumbre del toreo...

Luis Miguel Dominguín
cenit de artísticos cielos,
sabio de la torería,
maestro entre los maestros
que magnifica su arte
exuberante y espléndido
cada tarde de corrida
evoca con sus arrestos
la historia viva y brillante
de Lagartijo y Frascuelo...

Fotografía 30. Ilustra el Romance Taurino titulado Luis Miguel "Dominguín". Luis Miguel Dominguín, cuyo nombre real era Luis Miguel González Lucas, fue uno de los toreros más importantes y, sin duda, la figura más mediática y social de la tauromaquia de mediados del siglo XX.

Conocido tanto por su maestría y poder en el ruedo como por su arrolladora personalidad fuera de él, fue una auténtica estrella internacional. Nació el 9 de diciembre de 1926, en Madrid y falleció el 8 de mayo de 1996 (a los 69 años), en Sotogrande (San Roque, Cádiz), debido a una insuficiencia cardíaca. Nació en un ambiente puramente taurino. **Era hijo del reconocido matador Domingo González Mateos "Dominguín" y hermano de otros dos toreros, Domingo González Lucas, conocido como "Dominguín Chico" (el hermano menor que aparece en la fotografía 50) y José González Lucas conocido como "Pepe Dominguín".** Tomó la alternativa en La Coruña el 2 de agosto de 1944. Fue un torero de gran poder, dominio técnico, inteligencia y una elegancia singular. Se le considera un torero largo, capaz de dominar todos los tercios de la lidia. La fotografía representa la Plaza de Toros de la Real Maestranza de Caballería de Sevilla, el 25 de abril de 1948, durante la Feria de Abril. Actuaron los matadores de toros Pepe Luis Vázquez, Antoñito Bienvenida y Luis Miguel "Dominguín", que están realizando el paseíllo en la plaza de toros. Autor de la fotografía, D. Manuel Alfaro Pereira. **Luis Miguel "Dominguín" también toreó el 25 de julio de 1971 en la Plaza de Toros de Mérida.**

14. ANTONIO REVERTE

Los toreros de aquel tiempo
tenían soberbia estampa,
rezumando torería
dentro y fuera de la plaza.
Fueron gallardos actores
de la leyenda dorada,
la que encendía en la calle
pasiones, celos y ansias,
rota una tarde en el ruedo
por el puñal de las astas.

¡Días de mil novecientos
cuando Reverte toreaba!
Mil ojos fascinadores
su figura asaetaban
con la sensual caricia
secreta y apasionada
que en el alma femenina
prende el valor del espada
como un tributo radiante
en la tarde suave y cálida...

Torero de aquella época
de apuesta y perfecta planta,
historia viva de amores
de heroísmos aureolada
que inspiraron los caireles
la majeza y la arrogancia...

Reverte trajo a la fiesta
con su valor y jactancia,
un aliento de tragedia
en un resplandor de gracia.
¡Como lucía su garbo
con la coleta asomada,
inclinado el ancho fieltro,
la chaquetilla entallada,
el pantalón de bombacho
y los botines de caña,
muy ceñida a la cintura
la seda azul de la faja,
y un brillo de soles áureos
en sus soberbias tumbagas!

En la paz de un Sanatorio
él, que su vida rodeara
con los fáciles arruyos
de la riqueza y la fama,
dejaba escapar su vida
de manera inesperada,
triste y solo, en el silencio
de una fría madrugada...
La muerte venció a la historia
la majeza y la arrogancia...

La copla puso en el tono
castizo de las guitarras
las más cálidas falsetas:
las más bellas asonancias...

¡Novia gentil de Reverte
que en un pañuelo guardaba
entre cuatro picadores,
- en fondo celeste y grana -,
la más flamenca figura
del más valeroso espada!

Fotografía 31. Ilustra el Romance Taurino titulado Antonio Reverte. Antonio Reverte en una Plaza de Toros después de una faena saludando al público. Esta fotografía la tenía mi tío abuelo paterno pegada en una cartulina donde mecanografió el romance taurino. Autor de la fotografía desconocido, procede de un recorte de una revista taurina. El nombre completo era Antonio Prudencio de la Santísima Trinidad Reverte Jiménez. Nació el 28 de abril de 1870 en Alcalá del Río, Sevilla y falleció el 13 de septiembre de 1903 en Madrid, a la edad de 33 años, a causa de un tumor hepático por el que fue operado. Fue un destacado matador de toros español de finales del siglo XIX, conocido por su extraordinaria valentía, su estilo arrojado y por ser considerado el gran rival del legendario "Guerrita". Dio sus primeros pasos en capeas y tentaderos de fincas gana-

deras, como la de la viuda de Concha y Sierra. Se presentó en Sevilla en 1890, logrando un gran triunfo que le permitió torear siete novilladas más ese mismo año. Tomó la alternativa en Madrid el 16 de septiembre de 1891, siendo el padrino Rafael Guerra "Guerrita". Reverte fue célebre por su valor extraordinario, a menudo calificado de temerario. Su toreo se basaba en el arrojo y la serenidad ante el peligro.

Fotografía 32. Retrato de Antonio Reverte. Esta fotografía la tenía mi tío abuelo paterno pegada en una cartulina donde mecanografió el romance taurino. Autor de la fotografía desconocido, procede de un recorte de una revista taurina. Se hizo famoso por el **"recorte capote al brazo"**, una suerte defensiva de los vaqueros que él importó al ruedo, y por su forma de ejecutar la estocada, citando de largo y entrando "por derecho" con gran arrojo. Fue la gran figura de la oposición a Rafael Guerra "Guerrita". Esta rivalidad fue una de las más intensas de la

época y generó una enorme expectación. Gracias a su popularidad, Reverte llegó a doblar en honorarios al propio "Guerrita". Reverte no solo fue un ídolo en las plazas, sino también una figura de gran popularidad en la alta sociedad madrileña. **Actuó en la plaza de toros de Badajoz el 24 de junio de 1897 durante la Feria de San Juan de aquel año. Fue una corrida muy comentada en la época, ya que consistió en un reñido mano a mano con el gran Rafael Guerra, "Guerrita".** Tenía un notable atractivo físico que desataba pasiones. Su toreo temerario le provocó numerosas y gravísimas cornadas a lo largo de su carrera. Una de las más serias ocurrió en Bayona (Francia), y otra en Madrid en 1893, donde sufrió heridas en el cuello y el muslo.

15. PAQUITO MUÑOZ

Es aún el brote nuevo
que anuncia su primavera;
tiene sonrisa de niño
y fina estampa torera.

Torero casi infantil,
que toreando se divierte,
mientras juegan con su vida
los puñales de la muerte.

Parece que está jugando
con otro chico al peón
tan sereno y sonriente
¡y se juega el corazón!

Le gusta acabar el lance
en un remate garboso
llevándose a la cintura
su capote primoroso.

Así, muy cerca, muy cerca
tan cerquita y sin ruido
oyendo a su corazón
en su valiente latido.

Su voz infantil resuena
Imperiosa como un reto:
<< ¡Mira toro! ¡Ay valiente;
embísteme, que aquí espero! >>

Aquí espera mi capote
con el que he de engañar
empapándote en sus vuelos
que te van a dominar...

Te aguardo con los pies juntos;
el trapo en la mano izquierda
deseando que te acerques
con tu brío de ceguera...

¡Entra, torito valiente!
arráncate por derecho
que te daré un natural
y después uno de pecho.

Para continuar bordando
una ajustada faena
que vuelva loca a la gente,
solo los dos en la arena.

Quiero invadir tu terreno
y dominar tu cabeza
llevándote hasta los medios
prendido de mi muleta.

Y allí, los dos, frente a frente
en noble lucha serena,
mi arte y mi valentía
desafiarán tu fiereza.

Tú, con tu brío ancestral
bravío e impetuoso
vencedor en el cerrado
por soberbio y orgulloso...

Yo, con mi roja muleta
muy sereno y decidido
hasta humillar tu coraje

y verte ante mí, rendido.

Paquito Muñoz, valiente
torerito casi niño
con una lumbre en los ojos
que ilumina su destino.

Va ascendiendo por la senda
del triunfo y de la gloria
que ya regó con su sangre
como un jalón de su historia.

Sigue torero valiente
mostrando tu gallardía
desafiando la muerte
con arte de maravilla...

Ceñido al áureo capote
a tu escorzo de torero,
¡Di que tienes a tus plantas,
la gloria y el mundo entero!

A Don Manuel
amigo

Fotografía 33. Ilustra el Romance Taurino titulado Paquito Muñoz. Su nombre completo era Francisco Muñoz Herrero, conocido como "Paquito Muñoz". Nació en 1928, en Paracuellos del Jarama (Madrid) y falleció el 12 de noviembre de 1977, en Madrid. **El debut de luces tuvo lugar en Villafranca de los Barros (Badajoz) el 21 de marzo de 1943, también toreó una novillada sin picar el 25 de julio de 1944 en la plaza de toros de Mérida, del 'Cerro de San Albín',** junto a Pablito Lalanda y la presentación fue en Madrid (Las Ventas) el 12 de octubre de 1946, como novillero. La alternativa (Doctorado) tuvo lugar el 23 de julio de 1947 en la Plaza de Toros de Valencia, siendo el padrino Manuel Álvarez Pruaño, "El Andaluz" y el testigo Raúl Acha Sanz, "Rovira". **La fotografía está dedicada en la parte inferior izquierda y central y en diagonal de izquierda hacia la derecha con el siguiente texto: A Don Manuel Alfaro mi buen amigo y admirado, afectuosamente. Paquito Muñoz.** Fotografía realizada en formato tarjeta postal por el estudio Ortiz situado en la calle Cruz, 15 en Madrid.

Fotografía 34. Ilustra el Romance Taurino titulado Paquito Muñoz. Paquito Muñoz realizando diferentes faenas. Esta fotografía 34 es un compendio de tres fotografías de diferentes faenas taurinas. Todas las fotografías están realizadas en formato tarjeta postal por el estudio Ortiz situado en la calle Cruz, 15 en Madrid.

16. AL MUNDO TAURINO

Acudid a este conjuro,
lejanas sombras pretéritas,
figuras desdibujadas,
por la nieve de las décadas,
piqueros de brazos férreos,
jinetes de noble escuela,
peones, banderilleros,
toda la historia torera.

Fotografía 35. Ilustra el Romance Taurino titulado Al mundo taurino. En la fotografía está el torero Pedro Ramírez "Torerito de Triana" en el ruedo, saludando al público, 19 de abril de 1936, cuando era todavía novillero. **Fotografía dedicada en la parte inferior derecha con el siguiente texto: A mi buen amigo**

Alfaro. Pedro Ramírez. Torerito. Autor de la fotografía desconocido. Su nombre completo fue Pedro Ramírez Marín, conocido con el apodo de "Torerito de Triana", nació el 16 de agosto de 1912, en Triana, Sevilla, y falleció en noviembre de 1985, en Sevilla. Tomó la alternativa (Doctorado) el 16 de junio de 1938 (durante la Guerra Civil Española) en la Plaza de Toros de la Maestranza de Sevilla, siendo el padrino Rafael Ponce y el testigo Pascual Márquez.

Fotografía 36. Ilustra el Romance Taurino titulado Al mundo taurino. En la fotografía está el torero Pedro Ramírez "Torerito de Triana", ya como matador de toros y D. Manuel Alfaro Pereira

en la terraza del Hotel Madrid (anteriormente Majestic) que él regentó. La fotografía sería realizada por algún empleado del hotel o un miembro de la cuadrilla de "Torerito de Triana", o por fotógrafos contratados por las cuadrillas o por prensa especializada. Este hotel estaba situado en la Plaza de la Soledad en el nº 5 Y 6, al lado del edificio de "Las Tres Campanas", y actualmente es la Residencia Universitaria Femenina Sagrado Corazón de Jesús, la fotografía tiene fecha del 25 de abril de 1943. **En este hotel se alojaron los toreros que venían a torear a la Plaza de Toros de Badajoz en la primera mitad del siglo XX. Muestra la amistad que mantenía mi tío abuelo paterno con "Torerito de Triana", ya que esta fotografía que tiene fecha del 25 de abril de 1943, Domingo de Resurrección, fue el día que "Torerito de Triana" toreó en la Plaza de Toros de Badajoz con motivo de la inauguración de la temporada taurina,** en la cual se lidiaron 6 Novillos-toros de Pimentel, para los matadores Pedro Ramírez "Torerito de Triana" de Sevilla, Félix Santos "Pitillo" de Badajoz y Juanito Vargas de Huelva. Los toreros se alojaron en el Hotel Madrid y de ahí surgía la amistad de D. Manuel Alfaro Pereira con ellos. Con "Torerito de Triana" mantuvo una gran amistad como lo muestran la cantidad de fotografías que este torero le dedicó de las faenas taurinas realizadas por él y que se mostrarán más adelante.

Fotografía 37. Ilustra el Romance Taurino titulado Al mundo taurino. En esta fotografía aparece "Torerito de Triana" con un aficionado taurino, caballero legionario, en la terraza del Hotel Madrid, situado en la Plaza de la Soledad, la fotografía tiene fecha del 25 de abril de 1943, día que toreó en Badajoz, Domingo de Resurrección. Se observa al fondo a la derecha, la Torre de Espantaperros, y al fondo en el centro, el antiguo Hospital Militar y La Torre de Santa María del Castillo (que actualmente comparten la Biblioteca de Extremadura y la Facultad de Ciencias de la Documentación y la Comunicación de la Universidad de Extremadura) y al fondo a la izquierda, la Torre de los Acevedo y el Palacio de los Duques de la Roca, actualmente sede del Museo Arqueológico Provincial de Badajoz. **Torerito de Triana también toreó como novillero en la Plaza de Toros de Badajoz el 25 de junio de 1935 en la Feria de San Juan, junto a los novilleros El Niño del Barrio y Martín Bilbao con ganado de Soler. Un hecho distintivo de su carrera es que, tras finalizar la Guerra Civil, decidió renunciar a su alternativa. Consideró que le sería más rentable o factible volver a torear como novillero.**

CRÓNICA TAURINA. PRELIMINARES DE LA CORRIDA

Nada hay tan sugestivo como los preliminares de la corrida, en cuyas horas viven los aficionados sus mejores momentos. Las afluentes del campo de San Juan se ven animadas de gente que charla y hace pronósticos de la corrida. Algún buen aficionado asistió de madrugada al desencajonamiento y afirma que son seis barbas los encerrados en los chiqueros, uno de los cuales se revolvió a la salida del cajón embistiéndole furioso: otro, mostró su magnífica estampa, desafiante en la corraleta, resoplando con salvaje fiereza.

Todos, a juicio del aficionado que acabamos de escuchar mostraron peculiares facetas, síntoma inequívoco de su bravura y es de esperar que a su salida al ruedo acusen su genio y su casta.

Por el campo de San Juan deambula la multitud invadiendo las terrazas de los cafés y bares; ensordece el ruido, las voces de los vendedores que pueblan el ámbito y todo se confunde, en ese rumor, característico del día de toros. Los viajeros de Portugal ponen como todos los años su nota simpática y alegre recorriendo nuestras calles céntricas, visitando el comercio y abarrotando los hoteles y cafés. Después de la hora de comer es el momento magnífico en que culmina la aglomeración de público en el campo de San Juan; las gentes pasean, contagiadas de entusiasmo y su alegría es ruidosa como si ella constituyera el lógico anticipo de las emociones que ha de proporcionarles la corrida.

El humo de los cigarros puros perfuma el dormido ambiente de la tarde plena de sol y de calma: el público paseante y todos cuantos se muestran en las terrazas dirigen frecuentes miradas a los relojes del Palacio Municipal y Torre de la Catedral impulsando con la vista y la voluntad las manecillas de las esferas.

Suenan varios instrumentos que templan los profesores de la Banda Municipal que acaba de agruparse en uno de los ángulos de la plaza: es la primera llamada que hace palpitar el interés de la gente invitándolas a dirigirse a la plaza de toros. La riada humana desciende por las calles que conduce a la misma; Zurbarán (anteriormente Lagares), Ramón Albarrán (anteriormente Moraleja) y Moreno Nieto (hoy Obispo San Juan de Ribera). Una estampa típica cruza la plaza en estos momentos, y la constituye un picador, - negro y plata en la casaquilla -, montado sobre un jamelgo; a su grupa, el monosabio con su roja blusilla, pañuelo al cuello, y en la mano diestra la vara con que activa el paso del caballo. Desciende este pintoresco grupo por Moreno Nieto hasta tomar la carretera, allá abajo que le conduce al coso taurino. La Banda, bajo la batuta de Lerma interpreta los primeros compases del pasodoble Camino de Rosas cuyos sones enardecen a los aficionados arrastrando al mismo tiempo a los rezagados que se suman a los grupos que van a la plaza.

Al llegar a las puertas del circo se abre el gran portón para dar entrada al auto que conduce a varios toreros, cuyos vestidos brillan al quebrarse sobre ellos los rayos del sol. Grujen las localidades repletas de espectadores que gritan mostrando su optimismo de discusiones y voces. Los palcos aparecen nutridos de mujeres bonitas que lucen en la maravilla de la tarde el clásico atuendo de la fiesta, la españolísima mantilla, garbo y gentileza que es en resumen el más bello ornamento del espectáculo.

Un movimiento expectante ha hecho dirigir la mirada al palco presidencial y a la hora exacta, hace su aparición el Usía acompañado del asesor y autoridades. Un eléctrico impulso ha sacudido los nervios de los espectadores que en este momento se encuentran pendientes de los toreros preparados ya para el despejo, los cuales se desean suerte mutuamente y fuman nerviosos, mientras se ciñen los áureos capotes en cuya mayor parte destacan en ricos bordados devotas imágenes; dan el último toque a la montera que en estos momentos no parece que acaba de ajustarse a gusto del torero. Un tic casi imperceptible acusa en estos hombres bravos la preocupación por el riesgo probable, con el cual van a enfrentarse dentro de breves instantes.

Por la Presidencia se ha hecho la señal: suenan los acordes flamencos del pasodoble y es entonces cuando las cuadrillas inician el paseíllo, pero antes, cada torero prendido de secreta emoción humillando la cabeza, se santigua...

Yo os afirmo que este momento, ya incorporado al ritual taurino, ofrece una extraordinaria emoción y despierta una viva simpatía.

Desde nuestra atalaya, vemos desfilar las cuadrillas y es, en resumen, uno de los más bellos momentos de la corrida ya que en esta fiesta toda majeza, virilidad y arte, el paseíllo, es el cuadro de más rico colorido, y el cual no hay paleta que lo imite ni pintor que plasme fielmente su vivo y palpitante relieve.

Fotografía 38. Ilustra la Crónica Taurina titulada, Preliminares de la corrida. Campo de San Juan (en diferentes épocas también se llamó Plaza de la Constitución en 1927 y Plaza de la República en 1933), hoy Plaza de España. En la fotografía se observan dos establecimientos, Ultramarinos de Pedro Alfaro (hoy Restaurante BIDAIA), y la Cafetería Gol a la derecha (hoy Cervecería Pepe Jerez). En los días de corridas de toros durante las Ferias y Fiestas de San Juan, estos establecimientos eran muy visitados por los aficionados taurinos en las horas

previas a la celebración de la correspondiente corrida, incluso por muchos portugueses, que realizaban sus compras primero, después comían en los distintos restaurantes y cafeterías de la plaza, como Gol, Mercantil, Mundial, El Gallo y Europa, para posteriormente desplazarse a la Plaza de Toros y asistir a la corrida. También los aficionados taurinos se alojaban en los hoteles de la ciudad, como el Hotel Madrid, Simancas, Cervantes, Gran Hotel Garrido y París. Los hermanos D. Pedro y D. Manuel Alfaro Pereira (autor material de los romances taurinos) aparecen juntos al lado de la puerta de entrada a los Ultramarinos, Manuel a la izquierda y Pedro a la derecha. 28- 2-1946.

Fotografía 39. Ilustra la Crónica Taurina titulada, Preliminares de la corrida. Plaza de Toros de Badajoz durante la Feria en Badajoz de mayo de 1910, en aquella época el real de la Feria se instalaba en la cañada de Sancha Brava, junto al antiguo campo de fútbol el vivero, en las inmediaciones de la finca de Palomas donde se celebraba la Batalla de las Flores y el concurso de ganados. Preliminares de la corrida de toros. En la zona superior de la fotografía se observa el Palco Presidencial enga-

lanado con flores. **La fotografía podría ser la correspondiente a la corrida de la Feria de Badajoz del día 11 de mayo de 1910,** y en la cual participaron los toreros Rafael González **"Machaquito",** Manuel Rodríguez Sánchez **"Manolete"** y José Dámaso Rodríguez Rodríguez **"Pepete",** con ganado de Parladé y Pablo Romero, según se indica en la estampa titulada "Feria en Badajoz", del libro titulado "Más Estampas de Badajoz" de Manuel Alfaro Pereira. Autor de la fotografía, D. Manuel Alfaro Pereira.

CRÓNICA TAURINA. FIN DE TEMPORADA (TOREROS DE AYER).

La temporada toca a su fin. Después de las corridas del Pilar con lo que se pone colofón a las ferias más importantes comenzarán a enfundarse los estoques, los mozos comenzarán el repaso de los vestidos de luces y preparar los trajes camperos para emprender la futura época invernal retirados los toreros a la paz de los cortijos escuchando el mugido de las reses en los cerrados, reservados del cierzo y las ventiscas en las cocinas confortables donde chisporrotean gruesos troncos, escuchando a mayorales y ganaderos sabrosas historias de la vida de los cerrados.

En estas tertulias algún espontáneo panegirista de las glorias del torero allí presente refiere las tardes triunfales del matador sus paseos de apoteosis a hombros de los entusiastas y en fin procurando paliar momentos desacertados que también los hubo culpando de ello a la res resabiada y bronca que según el narrador era poco menos ilidiable...

Luego, los toreros en el campo con su castizo atuendo recorren a caballo en unión de ganaderos observando el ganado que pasta en los fértiles prados.

En Badajoz suponemos finalizada la temporada con la última novillada incompleta a consecuencia del temporal desatado aquella tarde.

Con satisfacción para el cronista y para el público aficionado durante el año actual se han verificado algunas fiestas taurinas que demostraron que la afición se conserva latente acudiendo con entusiasmo al circo a pesar de la modestia de algunos espectadores celebrados.

Esto, repetimos produce satisfacción y es seguro que la empresa de la plaza ha de sentirse animada estudiando para la temporada próxima la realización de algunos festejos que organizados con nombres de los de primera fila permite abrigar confianza en el triunfo económico pues ya hemos visto que la afición no ha decaído en estos años en que apenas ha visto un par de corridas al año.

No es garantizable ni seguro el triunfo de la empresa ya que en el negocio de los toros juegan importante papel muchos factores imponderables pero sí el desarrollo de la temporada que ahora finaliza es motivo de estudio para la misma no es difícil que en defensa de sus intereses organice diversas novilladas.

Por lo pronto ya hemos visto como el público responde cuando se le ofrecen buenos carteles sin regatear su aportación y nos parece que sin discutir, y ello por sintónico casi asegura una temporada fecunda.

Auguremos por tanto el año taurino de Badajoz en la próxima temporada 1956 y ojalá tengamos ocasión de aplaudir a la empresa cada vez que ofrezca a los aficionados un cartel atrayente digno de Badajoz y del historial de nuestra plaza.

TESTIMONIOS TAURINOS DE MANUEL ALFARO PEREIRA.

Las grandes figuras, que llenaron un periodo de gloria en la historia del toreo, en cada efeméride de su desaparición, se marca más firme la huella de su personalidad, y en cada una, nos hace evocar, imborrable en el recuerdo, la grandeza de su arte imponderable.

Como todas las cosas mudables de la vida los hombres desaparecen y al cabo del tiempo apenas constituyen un buen recuerdo, perpetuo a través del ambiente familiar.

Han transcurrido años desde la muerte de Manolete, el gran torero caído en la arena de Linares y su recuerdo se sostiene vivo en la memoria de las gentes.

El público taurino y aún el extraño a la fiesta sintió la inesperada muerte del gran torero y el desmoronamiento del espectáculo como 20 años antes se creyó ante la desaparición de aquella gigantesca figura del toreo que fue Joselito.

El toreo sigue apasionando a las multitudes por su belleza y emoción, y pese a sus tragedias, cada vez insuperadas aparecen nuevos toreros embriagados de ilusiones y esperanzas y es que esta fiesta sin par, luminosa y rica de matices atrae y subyuga a la figura juvenil que sabe sonreír a la muerte y la provoca en el ágil giro del capote, en la lenta y ceñidísima lentitud del pase natural: en los últimos tiempos han sido menores las cogidas graves, en algún caso con fatal resultado.

FOTOGRAFÍAS DE OTROS TOREROS Y OTROS ESPECTÁCULOS TAURINOS

Fotografía 40. Paquito Casado toreando. La fotografía está dedicada en la parte inferior derecha con el siguiente texto: Con todo cariño a D. Manuel Alfaro de su amigo Paco Casado. En la parte inferior izquierda de la fotografía pone Foto Iglesias

Jerez que fue el fotógrafo que la realizó. Su nombre completo era **Francisco Casado Escalante, conocido con el apodo de "Paquito Casado"**. Nació el 20 de mayo de 1923, en Sevilla y falleció el 16 de noviembre de 2009, en Sevilla. Su debut en público fue en 1935, en Sanlúcar de Barrameda. Y su presentación en Madrid (Las Ventas) en julio de 1939, como novillero, con reses de Concha y Sierra. Tomó la alternativa (Doctorado) el 1 de septiembre de 1940 en el Puerto de Santa María (Cádiz) siendo el padrino Manuel Jiménez, "Chicuelo" y el testigo Vicente Barrera.

Fotografía 41. Pedro Ramírez "Torerito de Triana" en la Plaza de Toros de Badajoz. En la fotografía situado a la izquierda de "Torerito de Triana" está el Jefe de Industria, Sr. García y a la derecha el Teniente Bolaños. Autor de la fotografía, D. Manuel Alfaro Pereira.

Fotografía 42. Pedro Ramírez "Torerito de Triana" que aparece a la izquierda de la fotografía tomando la alternativa que tuvo lugar durante una corrida del Corpus en plena Guerra Civil Española, ante toros de Carmen de Federico, siendo testigo

el matador de toros Pascual Márquez que aparece a la derecha de la fotografía y el padrino Rafael Ponce. La fecha de la alternativa de Torerito de Triana en Sevilla fue el 16 de junio de 1938. **La fotografía está dedicada en la parte inferior derecha con el siguiente texto: A mi gran amigo D. Manuel Alfaro con recuerdo de mi alternativa.** Fotografía realizada en formato tarjeta postal por el estudio Olmedo situado en Sevilla.

Fotografía 43. Pedro Ramírez "Torerito de Triana". La fotografía está dedicada en la parte inferior central con el siguiente texto: Al gran aficionado y buen amigo mío Don Manuel Alfaro. Madrid. 21-4-1948. Pedro Ramírez. Torerito de Triana. Fotografía realizada en formato tarjeta postal, por el estudio Baldomero situado en Barcelona.

Fotografía 44. Pedro Ramírez "Torerito de Triana". En esta fotografía 44 que es un compendio de dos fotografías, en la fotografía superior, Torerito de Triana, está toreando en la Plaza de Toros de Lima el día 26-3-1939 y en la fotografía inferior, en la Plaza de Toros de Sevilla el 14-4-1940. Fotógrafos anónimos o desconocidos. Fotografías en formato tarjeta postal.

Torerito de Triana

Torerito de Triana

Fotografía 45. Pedro Ramírez "Torerito de Triana". Esta fotografía 45 es un compendio de tres faenas diferentes. La fotografía inferior está firmada por el torero en la parte inferior derecha de la misma con el siguiente texto: Pedro Ramírez. Torerito de Triana. La fotografía superior está realizada en formato tarjeta postal por el estudio Foto-Sebastián, situado en Barcelona. La fotografía del centro está realizada en formato tarjeta postal por Vives Reportero Gráfico situado en Barcelona. La fotografía inferior tiene fecha de 12-4-1936 y está realizada en formato tarjeta postal por el estudio fotográfico, Foto Rafael Olmedo situado en Sevilla.

TORERITO DE TRIANA

Torerito de Triana

Torerito de Triana

Fotografía 46. Pedro Ramírez "Torerito de Triana". Esta fotografía 46 es un compendio de tres faenas diferentes de "Torerito de Triana". La fotografía superior y del centro son de fotógrafos anónimos o desconocidos, realizadas en formato tarjeta postal. La fotografía inferior está realizada en formato tarjeta postal por Vives Reportero Gráfico situado en Barcelona.

Fotografía 47. Pedro Ramírez "Torerito de Triana". Esta fotografía 47 es un compendio de dos faenas diferentes de "Torerito de Triana". La fotografía de la izquierda está realizada en formato tarjeta postal por el fotógrafo Sixto Poveda, de Madrid. La fotografía de la derecha tiene fecha de 19-4-1936, está realizada en formato tarjeta postal por el fotógrafo Ángel Gómez Beades, de Sevilla, que fue un fotoperiodista y escritor que firmó sus trabajos con el seudónimo de Gelán, creado con las sílabas invertidas de Ángel, su propio nombre. El reportero fotográfico Gelán tenía su estudio en la calle Bazán n° 3 de Sevilla.

Fotografía 48. Pedro Ramírez "Torerito de Triana". Saludando al público. **Esta fotografía está dedicada con el siguiente texto: A mi mejor amigo Manuel Alfaro del suyo. Torerito de Triana. Sanlúcar de Barrameda 2-9-1934.** Cuando todavía era novillero. La fotografía está realizada en formato tarjeta postal y es de un fotógrafo anónimo o desconocido.

Fotografía 49. **Domingo González Mateos, más conocido como «Dominguín» el torero de la derecha**, tomando la alternativa en la Plaza de Toros de Madrid el 26 de septiembre de 1918, de manos de **José Gómez Ortega "Joselito El Gallo" que está a su izquierda.** Domingo González Lucas tuvo tres hijos, Luis Miguel Dominguín González Lucas conocido como **"Luis Miguel Dominguín"**, José González Lucas conocido como **"Pepe Dominguín"** y Domingo González Lucas conocido como **"Dominguín Chico" que era el hermano menor de los tres hijos.** La fotografía está realizada en formato tarjeta postal por el fotógrafo Baldomero.

Fotografía 50. Torero Domingo González Lucas, apodado o conocido por "Dominguín Chico". Fue un destacado torero español nacido en Madrid el 10 de junio de 1920 y fallecido en

Guayaquil (Ecuador) el 13 de octubre de 1975. Se inició como novillero en 1939 en Linares, y debutó en Las Ventas (Madrid) el 1 de septiembre de 1940. Tomó la alternativa en Barcelona el 7 de junio de 1942, con Cagancho como padrino y Morenito de Talavera como testigo, lidiando toros de Domingo Ortega. **La fotografía está dedicada en la parte inferior con el siguiente texto: Al buen aficionado y mejor amigo D. Manuel Alfaro con afecto. Dominguín Chico.** La fotografía está realizada en formato tarjeta postal por el fotógrafo Félix González, de Madrid.

Fotografía 51. Torero Domingo González Lucas, apodado o conocido por "Dominguín Chico", toreando en la Plaza de Toros de Valencia, en la feria de la Fallas de Valencia durante los años 40. La fotografía está realizada en formato tarjeta postal por el estudio fotográfico Finezas. Valencia.

Fotografía 52. Pablo Lalanda y Lalanda conocido como "Pablito Lalanda" perteneciente a la reconocida familia Lalanda. Nació en Madrid, el 25 de julio de 1928. Hijo del ex banderillero **Eduardo Lalanda** y sobrino del célebre torero **Marcial Lalanda**, lo que marcó profundamente su destino profesional. Su debut como novillero tuvo lugar en Madrid, el 26 de mayo de 1949, lidiando reses de Moreno Yagüe y Viuda de Arribas, junto a Manuel Carmona y Boni-chico. Tomó la alternativa en Toledo el 8 de junio de 1950, con Parrita como padrino y toros de Juan Cobaleda. El toro de la ceremonia se llamaba Mocito. La confirmación tuvo lugar en la Plaza de Toros de las Ventas el 15 de mayo de 1951, con Pepe Luis Vázquez como padrino y Martorell como testigo. No tuvo suerte en esta ocasión, lo que afectó negativamente su carrera. **La fotografía está dedicada en la parte inferior de la misma con el siguiente texto: Al gran aficionado y buen amigo D. Manuel Alfaro afectuosamente. Pablito Lalanda.** Fotografía realizada en formato tarjeta postal por el estudio Ortiz situado en la calle Cruz,15 en Madrid.

PABLITO LALANDA

PABLITO LALANDA

Fotografía 53. "Pablito Lalanda". Esta fotografía 53 es un compendio de dos faenas diferentes. Las dos fotografías están realizadas en formato tarjeta postal por estudio Ortiz situado en la calle Cruz, 15 en Madrid.

Fotografía 54. Rafael Vega de los Reyes, hermano de Curro Vega de los Reyes este último apodado "Gitanillo de Triana". **Rafael Vega de los Reyes conocido como Gitanillo de Triana (II)**, fue un torero español nacido en Sevilla el 21 de marzo de 1915 y fallecido trágicamente en un accidente de tráfico el 24 de mayo de 1969 en Belinchón (Cuenca). Su debut como novillero tuvo lugar el 22 de junio de 1933 en Madrid, lidiando ganado de Villamarta. Tomó la alternativa en Málaga el 19 de agosto de 1933, de manos de Domingo Ortega, con La Serna como testigo. Su confirmación tuvo lugar el 24 de mayo de 1934, apadrinado por Marcial Lalanda, con toros de Terrones, Concha y Sierra, y Cruz del Castillo. Fue testigo de la alternativa de Manolete en 1939 y también estuvo presente en la trágica corrida de Linares en 1947, donde el toro Islero mató a Manolete. Fotografía realizada en formato tarjeta postal por fotógrafo anónimo o desconocido.

Fotografía 55. Curro Vega de los Reyes "Gitanillo de Triana" también conocido como Curro Puya, hermano de Rafael Vega de los Reyes de la fotografía 54 anterior. La fotografía está realizada en formato tarjeta postal por el fotógrafo Baldomero.

Fotografía 56. Manuel Jiménez Moreno también conocido artística o profesionalmente como "Chicuelo". "Chicuelo" es considerado el inventor del pase de capa conocido como la **"chicuelina"** y una figura clave en la transición hacia el toreo moderno, siendo el puente entre la tauromaquia de Joselito y Belmonte y la de Manolete. Nació el 15 de abril de 1902, en Sevilla y falleció el 31 de octubre de 1967, en Sevilla. "Chicuelo" provenía de una dinastía torera; era hijo del matador Manuel Jiménez Vera, también apodado "Chicuelo". Quedó huérfano a temprana edad y fue su tío, el banderillero Eduardo Borrego

"Zocato", quien se hizo cargo de su educación y sus inicios taurinos. Su debut como novillero fue el 24 de junio de 1917, en Salamanca y su presentación el 8 de agosto de 1919, tomando la alternativa (Doctorado) el 28 de septiembre de 1919 en la Plaza de Toros de la Real Maestranza de Sevilla, siendo el padrino Juan Belmonte y el testigo Manuel Belmonte. **La fotografía está dedicada en la parte inferior derecha con el siguiente texto: Para el honorable Cronista del Correo Extremeño D. Manuel Alfaro, afectuosamente. Manuel Jiménez Chicuelo.** Fotografía realizada en estudio fotográfico no identificado en formato grande.

Fotografía 57. Manuel Jiménez Moreno también conocido artística o profesionalmente como "Chicuelo". La fotografía está realizada en formato tarjeta postal por el estudio fotográfico Baldomero situado en Barcelona.

Fotografía 58. Manuel Jiménez Moreno también conocido artística o profesionalmente como "Chicuelo". La fotografía está realizada en formato tarjeta postal por el estudio fotográfico Baldomero situado en Barcelona.

Fotografía 59. Rodolfo Gaona Jiménez, apodado el "Califa de León". Conocido como el **"Califa de León"** o el **"Indio Grande"**, fue un matador de toros mexicano que se consagró como una figura cumbre durante la **"Edad de Oro del Toreo"** (1913-

1920), compitiendo en España y América con leyendas como Joselito y Juan Belmonte. Se le considera uno de los toreros más elegantes de la historia. Nació el 22 de enero de 1888, en León de los Aldamas, Guanajuato (México) y falleció el 20 de mayo de 1975, en Ciudad de México (México). **La fotografía está dedicada con el siguiente texto: Para el buen aficionado y amigo mío Manuel Alfaro, afectuosamente. Rodolfo Gaona. Madrid 15-5-1916.** Fotografía realizada en estudio fotográfico no identificado en formato grande.

Fotografía 60. Rodolfo Gaona Jiménez, apodado el "Califa de León". Se presentó en la Ciudad de México el 1 de octubre de 1905 (como becerrista) y debutó en el Toreo de la Condesa

en 1907. Viajó a España en 1908, logrando lo que ningún torero mexicano había conseguido antes: consolidarse como una figura de primer nivel, tomando la alternativa (Doctorado) el 31 de mayo de 1908 en Tetuán de las Victorias, Madrid, antigua Plaza de Toros de Tetuán de las Victorias, "Tetuán de las Victorias" era el nombre histórico de un antiguo municipio y, posteriormente, barrio al norte de Madrid. Hoy en día, es el Distrito de Tetuán, uno de los 21 distritos que conforman la ciudad de Madrid. El padrino fue Manuel Lara, "El Jerezano". Fotografía realizada en formato grande por el estudio fotográfico Vandel de Madrid, como se aprecia en la parte inferior derecha de la fotografía en relieve, que era especialista en retratos de toreros.

Fotografía 61. Rodolfo Gaona Jiménez, apodado el "Califa de León", banderilleando a un toro en la Plaza de Toros de Valencia, **seguramente entre 1913 y 1921**, coincidiendo con la **Edad de Oro del Toreo**. Colocando las banderillas era muy elegante y preciso. Fotografía estereoscópica, la composición aparece duplicada en dos vistas contiguas, autor D. Manuel Alfaro Pereira.

Fotografía 62. Rodolfo Gaona Jiménez, apodado el "Califa de León", banderilleando a un toro en la Plaza de Toros de Valencia, **seguramente entre 1913 y 1921**, coincidiendo con la **Edad de Oro del Toreo**. Fotografía estereoscópica, la composición aparece duplicada en dos vistas contiguas, autor D. Manuel Alfaro Pereira.

Fotografía 63. Rodolfo Gaona Jiménez, apodado el "Califa de León", toreando en la Plaza de Toros de Valencia, **seguramente entre 1913 y 1921**, coincidiendo con la **Edad de Oro del Toreo**, en otro momento de la corrida. Fotografía estereoscópica, la composición aparece duplicada en dos vistas contiguas, autor D. Manuel Alfaro Pereira.

Fotografía 64. Rodolfo Gaona Jiménez, apodado el "Califa de León", toreando en la Plaza de Toros de Valencia, **seguramente entre 1913 y 1921**, coincidiendo con la **Edad de Oro del Toreo**, en otro momento de la corrida. Fotografía estereoscópica, la composición aparece duplicada en dos vistas contiguas, autor D. Manuel Alfaro Pereira.

Fotografía 65. Torero Valentín Ritoré. Valentín Ritoré, **torero natural de Badajoz,** que hizo su presentación en Madrid, como novillero, el 14 de julio de 1932. Tuvo actividad taurina en la década de 1930. **Uno de los registros más destacados de su carrera es su**

participación en un acontecimiento taurino celebrado el 30 de junio de 1934 en la Plaza de Toros de Badajoz, donde compartió cartel con la torera Juanita Cruz y Jesús Santiago. En ese evento, se lidiaron seis novillos de la ganadería de Soler, y Ritoré toreó junto a su cuadrilla compuesta por José González "Águila", Emilio Ortega "Orteguita" y Félix Santos "Pitillo". **La fotografía está dedicada en la parte inferior derecha con el siguiente texto: Con mucho afecto de su buen amigo Ritoré.** La fotografía está realizada en formato tarjeta postal por el Fotógrafo Rodero.

Fotografía 66. Pepe Bienvenida "Pepote". Pepe Bienvenida, cuyo nombre completo fue **José Mejías Jiménez**, fue un destacado torero español nacido en Madrid el 7 de enero de 1914 y fallecido en Lima, Perú, el 3 de marzo de 1968. **Perteneció a la célebre dinastía torera de los Bienvenida**, una de las más influyentes en la historia de la tauromaquia. Su hermano Manolo Bienvenida es al que se le dedica el primer Romance Taurino del presente libro y aparece en las fotografías 1 y 2, y su otro hermano Antonio aparece en la fotografía 67 siguiente. **"Pepe Bienvenida"** (**también llamado "Pepote"**) fue el segundo hijo matador de toros del legendario **patriarca Manuel Mejías Rapela, conocido como "Bienvenida" y también como el "El Papa Negro" nacido en Bienvenida (Badajoz) el 12 de febrero de 1884. Otros hermanos suyos también toreros fueron Rafael Bienvenida (novillero), Ángel Luis Bienvenida y Juan "Juanito" Bienvenida.** Debutó como becerrista con solo 11 años y debutó en Sevilla el

28 de junio de 1925, junto a su hermano mayor Manolo. Su presentación en Madrid como novillero fue el 8 de septiembre de 1928, tomando la alternativa (Doctorado) el 4 de julio de 1931, en la Plaza de Toros de Madrid, siendo el padrino Nicanor Villalta y testigo su hermano, Manolo Bienvenida. **Pepe Bienvenida toreó en la Plaza de Toros de Badajoz el 25 de junio de 1943 en las Ferias y Fiestas de San Juan, junto a Manolete y Manuel Álvarez Pruaño "El Andaluz".** La fotografía está realizada en formato tarjeta postal por Vives Reportero Gráfico situado en Barcelona.

Fotografía 67. Antonio Bienvenida. Cuyo nombre completo fue **Antonio Mejías Jiménez**, más conocido como **Antonio Bienvenida** nació en Caracas (Venezuela) el 22 de junio de 1922 (circunstancialmente, mientras su padre estaba de gira taurina por América. Siempre fue considerado español y sevillano/madrileño de adopción) y falleció en Madrid el 7 de octubre de 1975. **También perteneciente a la dinastía torera de los Bienvenida**, hermano de Manolo Bienvenida, al cual se le ha dedicado el primer Romance Taurino del presente libro y que aparece en las fotografías 1 y 2 y de Pepe Bienvenida que aparece en la anterior fotografía 66. Tomó la alternativa (Doctorado) el 9 de abril de 1942, en la Plaza de Toros de Madrid (Las Ventas), siendo el padrino su hermano, **Pepe Bienvenida** (en un emotivo mano a mano).

La fotografía está realizada en formato tarjeta postal por Fotos Mateo de Barcelona.

Madrid 15-7-30.

Madrid 15-7-30.
Foto
VIDAL
VALENCIA

Fotografía 68. José Cerdá. José Cerdá San Martín fue un torero nacido en Valencia el 27 de febrero de 1910. Aquí se muestra en esta misma fotografía 68 un compendio de **tres fotografías dedicadas, con los siguientes textos: la fotografía superior dice, Al inteligente aficionado Manuel Alfaro de su afectuoso amigo. José Cerdá. Madrid. 15-7-1930. La fotografía del centro dice en su dedicatoria lo siguiente: A Manuel Alfaro buen aficionado y mejor amigo. José Cerdá. La fotografía inferior está dedicada con el siguiente texto: Al buen crítico taurino D. Manuel Alfaro de su amigo José Cerdá. Madrid. 15-7-1930.** La fotografía superior está realizada en formato tarjeta postal por el fotógrafo Emilio Fernández Garrido de Madrid. La fotografía del centro está realizada en formato tarjeta postal por el fotógrafo extremeño Antonio Pesini Ortiz, considerado el máximo representante del fotoperiodismo en Extremadura. La fotografía inferior está realizada en formato tarjeta postal por el fotógrafo Vidal de Valencia.

Fotografía 69. Juan López Lago y Nogales. Conocido en el mundo taurino como Juan López Lago, fue un novillero extremeño que nació en Badajoz el 31-1-1915, era un torero de gran personalidad, que supo imprimir en su toreo. Sus cualidades principales eran el conocimiento de las reglas del buen toreo y la inteligencia al aplicarlas. Toreó mucho durante los años comprendidos entre 1939 y 1941. Juan López Lago era un hombre de buena posición social y económica que se dedicó a los toros

por afición. Compañero de Pepe Luis Vázquez, Paquito Casado, Antonio Bienvenida y Mario Cabré en los primeros tiempos de estos espadas, abandonó la profesión sin llegar a tomar la alternativa, pese a haber llegado a ser un novillero puntero en su época. Juan López-Lago y Nogales, una vez retirado de los toros, se afincó en su tierra extremeña hasta su muerte, dedicado a labores agrícolas, falleció en Madrid el 20-12-1980. En esta fotografía 69 presento un **compendio de dos fotografías dedicadas con los siguientes textos: la fotografía superior dice, A Manolo con sincera amistad. Juan López Lago. La fotografía inferior dice, Para Manuel Alfaro de tu mejor amigo. Badajoz. 16-Septiembre-1934.** La fotografía superior está realizada en formato tarjeta postal por el fotógrafo extremeño Antonio Pesini Ortiz. La fotografía inferior está realizada en formato tarjeta postal por el fotógrafo badajocense José Garrorena.

Fotografía 70. Eliseo Capilla Capilla. Extraordinario novillero y banderillero valenciano nacido en Sueca (Valencia) en 1940 y fallecido en Madrid el 25-3-1990. Comenzó como **becerrista**, pero pronto se dedicó al toreo como **subalterno**, siguiendo los pasos de su padre, **Eliseo Capilla Ivars**, quien también fue novi-

llero y luego banderillero. Fue un **banderillero muy eficaz**, con un estilo propio y espectacular. Se colocaba lejos del toro, caminaba con parsimonia y clavaba los palos muy reunidos y en lo alto, lo que le dio gran prestigio. **La fotografía está dedicada con el siguiente texto: Al buen aficionado y mejor persona Manuel Alfaro con mi simpatía y condición. Eliseo Capilla. Valencia. 7-4-1941.** La fotografía está realizada en formato tarjeta postal por un fotógrafo anónimo o desconocido.

Fotografía 71. Ángel Fernández Pedraza "Angelete". Conocido como **"Angelete"**, fue un torero español nacido el 28 de enero de 1892 en **Baños de Montemayor (Cáceres)** y fallecido en el mismo lugar en julio de 1931. Fue el primer matador de toros cacereño en tomar la alternativa, y su carrera, aunque marcada por el coraje y la valentía, no alcanzó el nivel artístico que muchos esperaban. Su presentación tuvo lugar en Madrid el 18 de mayo de 1916, donde obtuvo un éxito notable que lo impulsó en el mundo taurino. Tomó la alternativa el 12 de septiembre de 1917 en Salamanca, de manos de Joselito "El Gallo", con el toro Gitano de la ganadería Coquilla. Compartió cartel con Saleri II y Silveti. Su confirmación fue el 23 de septiembre de 1917 en Madrid, apadrinado por Cocherito de Bilbao, con Celita como testigo, lidiando toros de Urcola. Sufrió

una grave cornada en el pecho en Tetuán y una lesión en Ciudad Juárez (México) en 1920, donde se cortó la mano con el estoque, lo que casi le costó la amputación y le dejó inválido. Su última corrida fue el 31 de mayo de 1926 en Cáceres, junto a figuras como El Gallo, Chicuelo y Marcial Lalanda. Angelete fue reconocido por su valentía y entrega, aunque limitado en cuanto a la creación artística. Su carrera tuvo altibajos, y tras perder el favor del público, se retiró a su pueblo natal, donde falleció prematuramente a los 39 años. La fotografía está realizada en formato tarjeta postal por el fotógrafo Baldomero. La fotografía tiene fecha del 18-5-1916 cuando todavía era novillero en una actuación en la plaza de toros de Madrid durante su presentación. **La fotografía está dedicada con el siguiente texto: A mi buen amigo y mejor guiador como recuerdo de mi debut su mejor amigo Angelete.**

Fotografía 72. Ángel Fernández Pedraza "Angelete", toreando en la Plaza de Toros de Valencia. Fotografía estereoscópica, la composición aparece duplicada en dos vistas contiguas, autor D. Manuel Alfaro Pereira.

Fotografía 73. Antonio Borrero Moreno "Chamaco". Antonio Borrero Moreno, conocido como **"Chamaco"**, fue un destacado torero español nacido en Huelva el 13 de septiembre de 1935 y fallecido en la misma ciudad el 11 de noviembre de 2009. Su carrera taurina fue intensa, marcada por un estilo valiente y tremendista que lo convirtió en ídolo de masas, especialmente en Barcelona, donde vivió sus mayores éxitos. Su debut sin picadores tuvo lugar el 3 de mayo de 1953 en Huelva y con picadores fue el 4 de junio de 1953, con toros de Julio Cossío. Tomó la alternativa el 14 de octubre de 1956 en Barce-

lona, apadrinado por Miguel Báez "Litri" y con Antonio Ordóñez como testigo. El toro de la ceremonia fue Larguirucho, de la ganadería de Antonio Urquijo. Su confirmación fue el 21 de mayo de 1958, con Julio Aparicio como padrino y Luis Segura como testigo. Su confirmación en México fue el 17 de febrero de 1957, con Fermín Rivera como padrino y Manuel Capetillo como testigo. **Esta fotografía está dedicada con el siguiente texto: A D. Manuel Alfaro con todo afecto. A.B. Chamaco. 25-2-56.** Autor de la fotografía anónimo o desconocido.

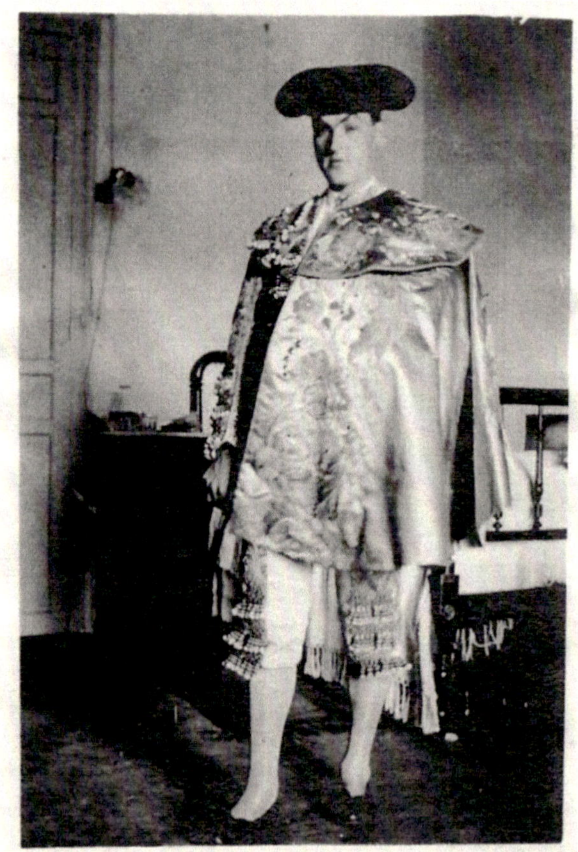

Fotografía 74. Eugenio Fernández Sánchez "Angelete". Eugenio Fernández Sánchez, conocido como "Angelete", fue un matador de toros español nacido el 23 de marzo de 1923 en Baños de Montemayor (Cáceres) y fallecido en la misma localidad en agosto de 2018 a los 95 años. Fue sobrino del tam-

bién torero Ángel Fernández Pedraza, de quien heredó el apodo "Angelete". Su debut con traje de luces fue el 11 de junio de 1939 en Salamanca y su debut con picadores fue en 1941 en Cáceres. Su presentación tuvo lugar el 13 de septiembre de 1942 en Las Ventas, con toros de Gabriel González, junto a Pascual Montero y Julián Martín. Tomó la alternativa el 12 de octubre de 1943 en Barcelona, de manos de Manolete, con el toro Sombrerero de Caridad Cobaleda. El testigo fue Manolo Escudero. Su confirmación fue en Madrid el 14 de mayo de 1944, con Pepe Bienvenida como padrino y Morenito de Talavera como testigo. Toros del Vizconde de Garci-Grande. Su confirmación en México fue el 24 de marzo de 1946 en El Toreo de la Condesa (emblemática plaza de toros de la Ciudad de México, inaugurada el 22 de septiembre de 1907 y ubicada en la antigua Hacienda de la Condesa, en lo que hoy es la colonia Roma), con David Liceaga como padrino y Carlos Vera "Cañitas" y Juan Estrada como testigos. Toro: Coralitos de Piedras Negras. Fue galardonado con la **Oreja de Oro en la Monumental de México**. Su retirada fue en1950 en Valencia de Don Juan (León). Fotografía realizada en formato grande por fotógrafo anónimo o desconocido. Estas fotos se realizaban en pensiones u hoteles por fotógrafos contratados por las cuadrillas o por prensa especializada. Autor de la fotografía desconocido.

Fotografía 75. Pascual Márquez Díaz. Matador de toros, nació en Villamanrique de la Condesa (Sevilla), el 22 de octubre de 1914 y falleció en Madrid el 30 de mayo de 1941 a los 26 años, como consecuencia de una grave cornada sufrida en la plaza de Las Ventas. Su debut con picadores fue el 26 de mayo de 1935 en la Real Maestranza de Sevilla. Su presentación fue en Madrid el 14 de julio de 1935. Tomó la alternativa el 27 de mayo de 1937 en Sevilla, durante la corrida del Corpus. Padri-

no: Luis Fuentes Bejarano; testigo: Domingo Ortega; toros de Pablo Romero. Su confirmación fue en Madrid el 26 de septiembre de 1940, de manos de Nicanor Villalta, con Jaime Pericás como testigo y toros de Francisco Chica. Esta fotografía 75 es un compendio de dos fotografías, la superior de fecha 22-4-1936 y la inferior de fecha 21-4-1936. La fotografía superior está realizada en formato tarjeta postal por el fotógrafo Ángel Gómez Beades, de Sevilla, que fue un fotoperiodista y escritor que firmó sus trabajos con el seudónimo de Gelán, creado con las sílabas invertidas de Ángel, su propio nombre. La fotografía inferior está realizada en formato tarjeta postal por fotógrafo anónimo o desconocido.

Fotografía 76. Pascual Márquez Díaz. La fotografía está realizada en formato tarjeta postal por el fotógrafo J. Vidal. Valencia. 19-3-1936,

Fotografía 77. Pascual Márquez Díaz. La fotografía está realizada en formato tarjeta postal por el fotógrafo Vidal Corella. Calle Ribera, 8. Valencia. 19-3-1936.

Fotografía 78. Vicente Barrera Cambra. Nació en Valencia, el 24 de diciembre de 1908 y falleció en el mismo lugar, el 11 de diciembre de 1956.

Fue una figura destacada en la Edad de Plata del Toreo (1920-1936)

Tomó la alternativa el 17 de septiembre de 1927 en Valencia, de manos de Juan Belmonte, con el toro de nombre Romano de la ganadería de Concha y Sierra. Se confirmó en Madrid el 24 de mayo de 1928 con Chicuelo como padrino. Fue un torero valiente, dominador, con gran repertorio de pases. Famoso por sus estatuarios, naturales profundos y el pase de la firma. Fue considerado uno de los "cuatro ases" junto a Marcial Lalanda, Domingo Ortega y Manolo Bienvenida. Toreó en España y América, con temporadas de más de 60 corridas. Nunca quiso matar toros de Miura y no volvió a Sevilla tras la alternativa. Se retiró en 1942, reapareció brevemente en 1944 y toreó sus últimas corridas en 1945. No tuvo un sobrenombre popular, pero su estilo dio origen al término **"Barrerismo"** por su gran influencia en la época. La fotografía está realizada en formato tarjeta postal por Foto Mateo.

Fotografía 79. Fotografía de **José Gómez "Joselito El Gallo" también conocido como "Gallito"** de fecha 10-10-1918. Fotografía realizada por el estudio fotográfico Baldomero. **Anverso. Fotografía en formato tarjeta postal.**

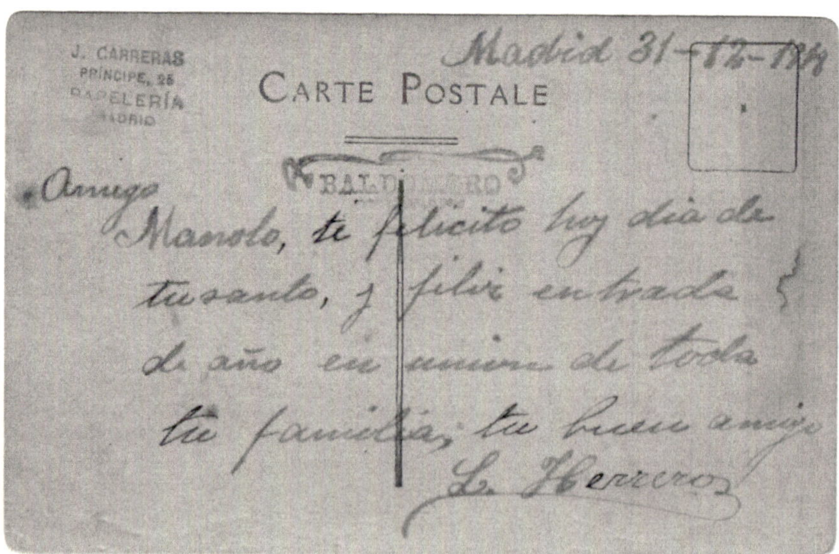

Fotografía 80. Reverso de la fotografía 75 anterior, en formato tarjeta postal, que fue utilizada por un amigo de D. Manuel Alfaro Pereira para felicitarle el día de su santo de fecha

31-12-1918 (el santo de Manuel se celebraba al día siguiente 1-1-1919). Esta fotografía fue realizada por el estudio fotográfico Baldomero como se aprecia en la fotografía y comercializada y distribuida en formato tarjeta postal, por la Papelería J. Carreras de la Calle Príncipe, 25 en Madrid, para ser utilizada en la correspondencia de correos.

Fotografía 81. Plaza de Toros de Badajoz durante la celebración de una novillada. Fotografía estereoscópica, la composición aparece duplicada en dos vistas contiguas. Autor D. Manuel Alfaro Pereira.

Fotografía 82. Plaza de Toros de Badajoz, durante el paseíllo de toreros en una corrida de toros. Fotografía estereoscópica, la composición aparece duplicada en dos vistas contiguas. Autor D. Manuel Alfaro Pereira.

Fotografía 83. Plaza de Toros de Badajoz, durante el paseíllo de los rejoneadores en una corrida de rejones. Fotografía estereoscópica, la composición aparece duplicada en dos vistas contiguas. Autor D. Manuel Alfaro Pereira.

Fotografía 84. Plaza de Toros de Badajoz, durante el paseíllo de los rejoneadores en una corrida de rejones. Fotografía estereoscópica, la composición aparece duplicada en dos vistas contiguas. Autor D. Manuel Alfaro Pereira.

Fotografía 85. Plaza de Toros de Badajoz, durante la celebración de un **carrusel ecuestre de cintas.** El jinete de la fotografía en la zona inferior izquierda intenta poner la cinta en el carrusel. Fotografía estereoscópica, la composición aparece duplicada en dos vistas contiguas. Autor D. Manuel Alfaro Pereira. El carrusel es un espectáculo en que un grupo de personas, generalmente jinetes, realizan una serie de figuras vistosas y ejercicios de habilidad, como hacen los rejoneadores con el toro. **Este carrusel ecuestre de cintas tuvo su origen histórico, en la celebración de juegos de cañas en la Plaza Mayor de Madrid,** que fue ideada y construida por los Austrias como espacio cívico para las más solemnes celebraciones de la monarquía. Respondía a las necesidades del espectáculo supremo de la época: la fiesta real de toros y cañas, celebradas en el siglo XV.

Fotografía 86. Plaza de Toros de Badajoz, durante la celebración de un carrusel ecuestre de cintas. El número total de jinetes participantes que se observan en la fotografía es de 16. Fotografía estereoscópica, la composición aparece duplicada en dos vistas contiguas. Autor D. Manuel Alfaro Pereira.

Fotografía 87. Plaza de Toros de Badajoz, durante la celebración de un carrusel ecuestre de cintas. Zona de palco. Fotografía estereoscópica, la composición aparece duplicada en dos vistas contiguas. Autor D. Manuel Alfaro Pereira.

Fotografía 88. Plaza de Toros de Badajoz, durante la celebración de un carrusel ecuestre de cintas. En el ángulo inferior izquierdo de la fotografía se observa el carrusel de cintas. Autor D. Manuel Alfaro Pereira.

Fotografía 89. Collage fotográfico de José Gómez "Joselito El Gallo". También llamado "Gallito". Retrato y faenas taurinas realizadas por el torero. En el centro del collage se ve el retrato con el nombre de Gallito. Collage realizado por el estudio fotográfico A. Cuairán. **Este collage fotográfico podría ilustrar el Romance Taurino titulado José Gómez "Joselito El Gallo".**

Fotografía 90. Collage fotográfico de Curro Vega de los Reyes "Gitanillo de Triana". Retrato y faenas taurinas realizadas por el torero. En el centro del collage se ve el retrato con el nombre de Gitanillo de Triana. Autor del collage desconocido. **Este collage fotográfico puede ilustrar el Romance Taurino titulado Curro Vega de los Reyes "Gitanillo de Triana".**

Fotografía 91. Collage fotográfico de Miguel Báez "Litri". Retrato y faenas taurinas realizadas por el torero. En el centro del collage se ve el retrato del torero. Autor del collage F. Hernández, laboratorio fotográfico según se indica en la parte inferior derecha del collage. En la parte inferior izquierda del collage en letras blancas sobre el borde negro pone el apellido Alfaro para indicar que era propiedad de D. Manuel Alfaro Pereira la fotografía. **Este collage fotográfico podría ilustrar el Romance Taurino titulado Miguel Báez "Litri".**

BIBLIOGRAFÍA

1. Badajoz Estampas Retrospectivas. Manuel Alfaro Pereira. Publicaciones del Excmo. Ayuntamiento de Badajoz. 1956.

2. Más Estampas de Badajoz. Manuel Alfaro Pereira. Publicaciones del Excmo. Ayuntamiento de Badajoz. 1960.

3. Estampas Inéditas de Badajoz. Manuel Alfaro Domínguez. Editorial Editamás. 2024.

4. Romances Toreros. María de la Hiz Flores <<MAIZ-FLOR>>. Tipografía Viuda de Antonio Arqueros. Badajoz. 1947.

5. Las cien mejores poesías taurinas (de Gonzalo de Berceo a Joaquín Sabina). Antología seleccionada y comentada. Andrés Amorós. Editorial El paseíllo. 1ª edición: febrero de 2025.

6. Tauromaquia. José M. Esteban. Editorial LIBSA. 2018.

7. Biblioteca Digital Taurina (BDT) de la Comunidad Autónoma de la Junta de Castilla y León. https://bibliotecadigital.jcyl.es/bdtau/es/micrositios/inicio.do

8. Biblioteca Regional de la Comunidad Autónoma de Madrid. Madrid Taurino. https://bibliotecavirtualmadrid.comunidad.madrid/bvmadrid_publicacion/madrid_taurino/es/micrositios/inicio.do

9. Biblioteca digital de la Comunidad Autónoma de Castilla La Mancha. Catálogo de patrimonio cultural. Fiesta de los Toros. https://cultura.castillalamancha.es/patrimonio/catalogo-patrimonio-cultural/fiesta-de-los-toros

10. Biblioteca digital de la Biblioteca Nacional de España https://www.bne.es/es/catalogos/bne-digital

11. HOY Diario de Extremadura. Hemeroteca digital. https://hemeroteca.hoy.es/

12. Escuela de Tauromaquia de la Diputación de Badajoz. https://www.dip-badajoz.es/tauromaquia/#:~:text=El%20Organismo%20Aut%C3%B3nomo%20Escuela%20de%20Tauromaquia%20de%20Badajoz,valores%20que%20velen%20por%20su%20permanencia%20y%20pureza.

13. Herramienta de Inteligencia Artificial. Google Gemini. https://gemini.google.com/

14. Herramienta de Inteligencia Artificial. Copilot Chat, asistente conversacional de Microsoft integrado en las aplicaciones de Microsoft 365.